物化历史系列

文房四宝史话

A Brief History of
China's "Four Treasures in the Study"

李雪梅　安久亮 / 著

社会科学文献出版社
SOCIAL SCIENCES ACADEMIC PRESS (CHINA)

图书在版编目（CIP）数据

文房四宝史话/李雪梅，安久亮著.—北京：社会科学文献出版社，2011.12
（中国史话）
ISBN 978-7-5097-2077-6

Ⅰ.①文… Ⅱ.①李…②安… Ⅲ.①文化用品-介绍-中国-古代 Ⅳ.①K875.4

中国版本图书馆 CIP 数据核字（2011）第 111383 号

"十二五"国家重点出版规划项目

中国史话·物化历史系列

文房四宝史话

著　　者／李雪梅　安久亮

出 版 人／谢寿光
出 版 者／社会科学文献出版社
地　　址／北京市西城区北三环中路甲29号院3号楼华龙大厦
邮政编码／100029

责任部门／人文科学图书事业部（010）59367215
电子信箱／renwen@ssap.cn
责任编辑／黄　丹
责任校对／范　迎
责任印制／岳　阳
总 经 销／社会科学文献出版社发行部
　　　　　（010）59367081　59367089
读者服务／读者服务中心（010）59367028

印　　装／北京画中画印刷有限公司
开　　本／889mm×1194mm　1/32　印张／5.75
版　　次／2011年12月第1版　字数／113千字
印　　次／2011年12月第1次印刷
书　　号／ISBN 978-7-5097-2077-6
定　　价／15.00元

本书如有破损、缺页、装订错误，请与本社读者服务中心联系更换
△ 版权所有　翻印必究

《中国史话》
编辑委员会

主　　任　陈奎元

副 主 任　武　寅

委　　员　(以姓氏笔画为序)

　　　　　卜宪群　王　巍　刘庆柱
　　　　　步　平　张顺洪　张海鹏
　　　　　陈祖武　陈高华　林甘泉
　　　　　耿云志　廖学盛

总　序

中国是一个有着悠久文化历史的古老国度，从传说中的三皇五帝到中华人民共和国的建立，生活在这片土地上的人们从来都没有停止过探寻、创造的脚步。长沙马王堆出土的轻若烟雾、薄如蝉翼的素纱衣向世人昭示着古人在丝绸纺织、制作方面所达到的高度；敦煌莫高窟近五百个洞窟中的两千多尊彩塑雕像和大量的彩绘壁画又向世人显示了古人在雕塑和绘画方面所取得的成绩；还有青铜器、唐三彩、园林建筑、宫殿建筑，以及书法、诗歌、茶道、中医等物质与非物质文化遗产，它们无不向世人展示了中华五千年文化的灿烂与辉煌，展示了中国这一古老国度的魅力与绚烂。这是一份宝贵的遗产，值得我们每一位炎黄子孙珍视。

历史不会永远眷顾任何一个民族或一个国家，当世界进入近代之时，曾经一千多年雄踞世界发展高峰的古老中国，从巅峰跌落。1840年鸦片战争的炮声打破了清帝国"天朝上国"的迷梦，从此中国沦为被列强宰割的羔羊。一个个不平等条约的签订，不仅使中国大量的白银外流,更使中国的领土一步步被列强侵占,国库亏空,民不聊生。东方古国曾经拥有的辉煌,也随着西方列强坚船利炮的轰击而烟消云散,中国一步步堕入了半殖民地的深渊。不甘屈服的中国人民也由此开始了救国救民、富国图强的抗争之路。从洋务运动到维新变法,从太平天国到辛亥革命,从五四运动到中国共产党领导的新民主主义革命,中国人民屡败屡战,终于认识到了"只有社会主义才能救中国,只有社会主义才能发展中国"这一道理。中国共产党领导中国人民推倒三座大山,建立了新中国,从此饱受屈辱与蹂躏的中国人民站起来了。古老的中国焕发出新的生机与活力,摆脱了任人宰割与欺侮的历史,屹立于世界民族之林。每一位中华儿女应当了解中华民族数千年的文明史,也应当牢记鸦片战争以来一百多年民族屈辱的历史。

当我们步入全球化大潮的21世纪,信息技术革命迅猛发展,地区之间的交流壁垒被互联网之类的新兴交流工具所打破,世界的多元性展示在世人面前。世界上任何一个区域都不可避免地存在着两种以上文化的交汇与碰撞,但不可否认的是,近些年来,随着市场经济的大潮,西方文化扑面而来,有些人唯西方为时尚,把民族的传统丢在一边。大批年轻人甚至比西方人还热衷于圣诞节、情人节与洋快餐,对我国各民族的重大节日以及中国历史的基本知识却茫然无知,这是中华民族实现复兴大业中的重大忧患。

中国之所以为中国,中华民族之所以历数千年而不分离，根基就在于五千年来一脉相传的中华文明。如果丢弃了千百年来一脉相承的文化，任凭外来文化随意浸染，很难设想13亿中国人到哪里去寻找民族向心力和凝聚力。在推进社会主义现代化、实现民族复兴的伟大事业中，大力弘扬优秀的中华民族文化和民族精神，弘扬中华文化的爱国主义传统和民族自尊意识，在建设中国特色社会主义的进程中，构建具有中国特色的文化价值体系，光大中华民族的优秀传统文化是一件任重而道远的事业。

当前，我国进入了经济体制深刻变革、社会结构深刻变动、利益格局深刻调整、思想观念深刻变化的新的历史时期。面对新的历史任务和来自各方的新挑战，全党和全国人民都需要学习和把握社会主义核心价值体系，进一步形成全社会共同的理想信念和道德规范，打牢全党全国各族人民团结奋斗的思想道德基础，形成全民族奋发向上的精神力量，这是我们建设社会主义和谐社会的思想保证。中国社会科学院作为国家社会科学研究的机构，有责任为此作出贡献。我们在编写出版《中华文明史话》与《百年中国史话》的基础上，组织院内外各研究领域的专家，融合近年来的最新研究，编辑出版大型历史知识系列丛书——《中国史话》，其目的就在于为广大人民群众尤其是青少年提供一套较为完整、准确地介绍中国历史和传统文化的普及类系列丛书，从而使生活在信息时代的人们尤其是青少年能够了解自己祖先的历史，在东西南北文化的交流中由知己到知彼，善于取人之长补己之短，在中国与世界各国愈来愈深的文化交融中，保持自己的本色与特色，将中华民族自强不息、厚德载物的精神永远发扬下去。

《中国史话》系列丛书首批计200种，每种10万字左右，主要从政治、经济、文化、军事、哲学、艺术、科技、饮食、服饰、交通、建筑等各个方面介绍了从古至今数千年来中华文明发展和变迁的历史。这些历史不仅展现了中华五千年文化的辉煌，展现了先民的智慧与创造精神，而且展现了中国人民的不屈与抗争精神。我们衷心地希望这套普及历史知识的丛书对广大人民群众进一步了解中华民族的优秀文化传统，增强民族自尊心和自豪感发挥应有的作用，鼓舞广大人民群众特别是新一代的劳动者和建设者在建设中国特色社会主义的道路上不断阔步前进，为我们祖国美好的未来贡献更大的力量。

陈奎元

2011年4月

目 录

引 言 ··· 1

一 笔 ··· 4
  1. 从"竹挺笔"到"湖笔" ······················· 4
  2. 历代制笔名家································ 20
  3. 历代名笔简录································ 24

二 墨 ·· 33
  1. 从石墨到徽墨································ 33
  2. 历代制墨名家································ 55
  3. 墨模与墨品··································· 79
  4. 墨的收藏与辨伪······························ 86

三 纸 ·· 96
  1. 纸从无到有··································· 96
  2. 中国书画用纸——宣纸······················ 101
  3. 宣纸的加工工艺和特色······················ 110

四 砚 …………………………………… 116

1. 砚之家族从小到大 …………………………… 116
2. 贵为豪杰的端砚 ……………………………… 126
3. 端溪名坑与端砚石品 ………………………… 132
4. 砚中俊士——歙砚 …………………………… 139
5. 鲁砚、洮河砚、澄泥砚 ……………………… 143
6. 雕砚名家 ……………………………………… 149

五 文房四宝著述提要 ………………………… 154

引 言

　　古往今来的文人，无不重视文房用具。在诸多的文房用具中，最为文人所宝爱的莫过于笔、墨、纸、砚。这四种文房用具被雅称为"文房四宝"。

　　文房四宝不仅是中国文明发展史上的宝贵文化遗产，同时中国历代文人借助它还创造出诸如书法、字画、典籍册页等绚烂多姿的文化产品。由于时代的发展，中国文房四宝已从文化用品一变而为收藏品，这一点则是任何现代书写工具所无法比拟的。中国传统文化的一部分特征，可以通过文房四宝的发展历程及历代名贤对文房四宝的评论赏鉴，得以形象地再现。

　　值得一提的是，文房四宝自和文人及书画家结缘以来，便达成了互长共进的默契。其原因也不难理解，正所谓"工欲善其事，必先利其器"，优质的笔、墨、纸、砚自然受到文人的青睐。三国时的书法家及造墨家韦诞曾经说过："若用张芝笔、左伯纸及臣墨，兼此三具，有得臣手，然后可以建径丈之势。"晋王羲之在《题笔阵图后》对文房四宝也作了形象的比喻："夫纸者阵也，笔者刀矟（音shuò）也，墨者鍪（音móu）

甲也，水砚者城池也。"将文房四宝比作阵地、武器、盔甲、城池，这对于"领兵作战"的书法家来说，又是何其重要。唐代大文学家韩愈将笔、墨、纸、砚戏称为中山毛颖（中山兔毫笔）、绛人陈元（绛州松烟墨）、弘农陶泓（弘农陶砚）和会稽楮先生（会稽楮皮纸），可见文房四宝与文人的关系已是须臾不可离了。

五代南唐时，澄心堂纸、李廷珪墨和龙尾石砚并称为"新安三宝"，安徽开始成为中国文房四宝的重要产地。宋代，笔、墨、纸、砚在文人生活中的地位愈加重要，除其实用性功能外，观赏性功能也开始突出起来，甚至出现了诸如苏易简《文房四谱》的综合性论述和米芾的《评纸帖》、《砚石》及晁贯之的《墨经》等专文，文房四宝的文化品位和收藏、鉴赏价值显著提高。

明清两代是中国文房四宝发展史上的鼎盛时期。此时不仅名师辈出、精品迭现，而且上自皇室名臣，下至黎民百姓，都对文房四宝十分讲究。有的人还多方寻觅、妥加珍藏。正是在这种世风的濡染下，出现了湖笔、徽墨、宣纸以及端、歙、鲁、澄泥砚等文房四宝中的佼佼者。

中国古代的文房用具极多，文房四宝只是诸多文房用具中最重要的品目。其他如镇尺、水盂、臂格、笔架、笔筒……甚至还有专为文房四宝匹配的器物，如墨盒、砚匣等，也均在文人的精心讲求之中。古代文人讲究"文房清供"，凡文房中的各种陈设均属此列，如古琴、古砚、古钟鼎彝器、怪石、砚屏、笔格、水滴、古翰墨真迹及古画、古帖均属文人在书斋中孜孜以求、悉心把玩的对象，而文房四宝尤不可或缺。

　　文房四宝对今人来说似已陌生，而对中国古代文人来说则正是其风雅的标志，也是其生活趣味的体现。要了解中国传统文化以及古代文人，当然离不开对中国文房四宝的了解。

一 笔

从"竹挺笔"到"湖笔"

笔,居文房四宝之首。中文的"笔"即如今所谓的"毛笔"。

毛笔是中国祖先的一种创造,是中国传统文化的一种象征。同世界其他国家,特别是西欧国家的书写工具相比,毛笔具有"尖、齐、圆、健"四大优点,且用途广泛,造型文雅,品类繁多,极富收藏价值。用它书写、绘画出来的线条,可柔可刚,可粗可细,可润可枯,为任何硬笔所不能替代。

中国毛笔制作和发展变化的历史相当古老。由于其优点突出,制作精良,文化价值较高,很早就已在国外驰名。例如在日本的奈良博物馆正仓院,还珍藏着中国唐代的毛笔。

(1) 早期的毛笔。

关于中国毛笔的起始,正史中并无记载,但零星的史料却不少,且说法不一。明代罗颀《物原》中说:"虞舜造笔,以漆书于方简";元代陶宗仪《南村辍耕录》中讲"（上古的人们）以竹挺点漆而书"；晋代张华在《博物志》中提到"蒙恬造笔"；明代屠隆在《纸墨笔砚笺·笔笺》中也说："古者蒙恬创笔。"

中国最早的毛笔究竟产于何时？借助于近百年的考古发掘成果，可以认为最晚也是殷商时代，也就是"竹挺笔"的出现。

1932年秋，在河南安阳殷墟的发掘中，发现了一片写有"祀"字的陶片。这个字用毛笔书写的痕迹明显，具有方、圆、肥、瘦的变化，没有刀刻的迹象。1936年春，同样在安阳殷墟出土了一件有用朱笔书写痕迹的陶器，以及一些用朱笔先写后刻卜辞的甲骨文片。70年代，在陕西省临潼姜寨的新石器时代遗址中，出土了不少彩陶钵或盆，钵和盆内有用毛笔绘制的鱼、蛙或人面的图纹。据分析，所谓"竹挺笔"，就是将细竹子尖部捶砸出丝，然后书写。元代吾丘衍在《学古编·三十五举》中记载，"上古无笔墨，以竹挺点漆竹上"，讲的是到了春秋时期，这种笔依然用于书写竹简之用。

毛笔在中国春秋战国之际有了较大的发展。这一时期，社会政治、经济、文化均有相当的进步，特别是国与国之间公文往来繁多，诸子百家著书立说成风，原有的刻契书写被逐渐摈弃，毛笔成为主要书写工具。1958年，在河南信阳长关台出土的两座春秋晚期楚墓中，发现了大批竹简和毛笔。它们是迄今发现的最早的毛笔。1954年6月，湖南省文管会在长沙左家公山战国楚墓的出土文物中，发现了一支完整的毛笔。这支笔全身套在一支小竹管内,笔杆用竹制成,长18.5厘米,直径0.4厘米;笔毛为上好的兔剪毛,长2.5厘米,笔锋尖挺,极易书写简牍;笔杆一头劈成数爿,笔头夹在其内,用细丝线缠紧,外面涂上漆汁。以后,又相继在湖北江陵、河南信阳等地的楚墓中,出土了与此笔相似的战国毛笔。

秦代统一了中国,秦笔发展成一种定制,代表着中国制笔工艺从原始达到成熟。中国古代史料多记"蒙恬造笔",其原因主要是秦代的毛笔从制作到使用有了一定的规模和水平。1975年12月,在湖北省云梦睡虎地秦墓中出土了三支秦笔。笔管为竹制,它的一端挖成凹腔,笔头的底部藏在腔内,裹以麻丝,并加髹(音xiū,把漆涂在器物上)漆;笔的另一端,刮削成尖状。整支毛笔放在一件竹制笔套(管)内,笔套的中部挖有一条空槽,以方便毛笔的装取;笔套的外面涂有黑地朱色条文漆,美观大方;笔毛长约2.5厘米。其工艺之讲究,基本上为毛笔制作的结构定了型。历史上自秦笔后,始称毛笔。

到汉代,毛笔在诸多方面的作用更加突出。在朝廷的公文中,开始有皇帝赏赐臣下毛笔和令各郡国献兔毫制毛笔的记载。

汉笔与秦笔大体相似,制笔工艺,特别是装饰工艺有了一定的进步。在近百年的文物考古工作中,发现了较多的汉笔实物。1975年,在湖北省江陵凤凰山167、168两座西汉早期墓葬中,各出土了毛笔一支。这两支笔与云梦睡虎地出土的三支毛笔并没有很大区别。1977年在甘肃省居延地区一汉墓出土物中，发现了一支毛笔，史称"居延笔"。该笔的笔管用木棍做成，长20.9厘米，呈黄褐色；笔杆的一头被劈为六爿，把笔头夹在其中，笔尖露出部分为1.4厘米，也是用黄白色麻丝上下缠紧，外髹黑色漆汁，成为一个圆杆。笔管中缠着两截麻丝，第一截靠近笔头，宽0.3厘米；第二截靠近笔的中间，宽0.2厘米。该笔的笔毫为黑色，笔锋呈白色。1972年，在甘肃武威县出土的一座东汉墓中，发现一支竹杆毛笔。该笔的笔杆呈黄褐色，笔杆的中部刻有隶书体"白马作"三个字。在同地另一座出土的东汉墓中，又发现一支毛笔，笔杆上刻有"史虎作"三个字。

秦汉时期的毛笔，已经完成了早期"竹挺笔"的原始使命，向艺术性、文化性发展，已经形成了自己独特的文化内涵。因此，古人著说，多以秦笔为之创始。实际上，经过春秋战国，以至秦汉千余年的发展，这一过程才得以完成。到东汉末期，毛笔的形制基本确定，且品种多样。在材质方面，笔尖用毛有兔毛、羊毛、人发等；笔杆有竹制、木制等。有的笔尖用几种毛搭配而成。据王羲之所著《笔经》记载，这种笔用兔毫为笔柱，羊毛为笔衣；或者用人发数十根，夹杂羊毛和兔毫，剪裁整齐，用麻纸裹住柱根，然后取上面的毫薄薄地平布在笔柱上，盖住笔柱。当时的毛笔，有"易柱不易管"之说，即在毛笔头用秃后，将原笔头取下，换上新笔头，俗称"退笔"。此时，随着毛笔自身文化性的形成，毛笔的笔管（杆）、装匣等也出现了华丽、文雅的装饰,而且具有了礼品性与文化性。它还适应了当时的一种礼仪制度,时称簪(音zān)笔。簪笔是秦汉时的一种宫廷制度,每日临朝,官员们为了奏对时记录之便,常将毛笔插在头发中间,以备随时取用。因此,当时毛笔的上端都削成尖形,久而久之,它成了文官的一种冠饰和礼仪。与此同时,制笔的工匠们不仅开始认真研究自己的制笔工艺,也敢于在笔杆上标出自己的名字,从而出现了制笔的名家。

(2)毛笔的发展。

从三国两晋到宋末,中国的封建社会发展到鼎盛时期,制作毛笔的工艺技术也进入了辉煌发展的历史阶段。

三国两晋时期,中国的书法绘画艺术及文学创作有了突出的发展。一些著名的书法、绘画、诗赋名家的出现,推动了毛笔制造工艺的进步。不少文化名人对笔的要求日高、研究日深,出现了研究、记述毛笔的文章和书籍。有些皇帝的文学素养很高,例如三国时期的曹操父子,对毛笔就很偏爱,从而加速了毛笔制作工艺向高档次、高水平、名贵型的方向发展。

三国时期著名学者蔡邕曾写有《笔赋》。文中讲到,制笔要用晚冬的狡兔毫,因为狡兔性情慓悍,跑起来特别快,毛质很好;再削文竹为笔管,用漆丝缠成笔头,就可以"画乾坤之阴阳,赞宓皇之洪勋"。晋代大书法家王羲之所著的《笔经》,较为详尽地记载了当时的制笔之法。他认为,好笔要好毛在前边,短毫放在后边，然后用麻捆束在笔管上，用漆液将其定型，用海藻将其润过，这时你沾墨一试，就会有"直中绳、勾中钩、方圆中见规矩，终日握而不散的效果"。同时，他还在文中批评了当时制笔的奢华之风："昔人或以琉璃、象牙为笔管，丽饰则有之，然笔须轻便，重则踬（音zhì）矣。"意思是说，用琉璃或象牙做笔管是很漂亮，但笔要轻便才好用，重了就不好写字、绘画了。此外，晋代的傅元亦作过《笔赋》，司马绥作过《弃故笔赋》。他们均在文中谈到制笔的方法和要领。贾思勰在他的名著《齐民要术》中，详细介绍了当时制笔的程序与基本方法。

在这一时期，还有一种高档的毛笔——"胎发笔"。由于成人的头发经过多次剪理，其发头平而不尖，不易做出好毛笔；而初生小孩儿的胎发末端尖锐，用胎发做出的毛笔既好又少而尤显珍贵。《江宁府志》中有关于"胎发笔"的记载。

南北朝时的毛笔，尽管有了很大的发展，但基本形式仍沿袭秦汉时期的"退笔"。唐代何延人的《兰亭记》中载：南朝书法家智永经常住在永欣寺阁上临摹前人的书法作品，所退笔头置于大竹籚（音lǜ，即竹篓）内，这种籚可以装一石多米，而他退的笔头满满地装了五个籚。当时，人们在退笔后，把废笔头埋入地下，搭个土包，称为"退笔冢"。这一时期的笔杆比较短，主要是为了适应当时的书写条件和习惯。由于当时人们写字需在横几上，横几较矮，人们只能盘腿坐在席上悬肘书写，因此，要求毛笔的杆要短，锋要齐，腰要强。

南北朝时，毛笔制作工艺的进步，为文人才子发挥他们的艺术才能创造了必要的条件，使他们创造出独具特色的书法之风，并涌现出众多著名的书法家，如王僧虔、智永等。

南北朝后期，由于南齐武帝萧赜反对毛笔从头上取下，所以自汉代以来"簪笔"的遗风便随之消失。由于原来的功用消失，笔杆相应变短，笔尾也不再削尖。

隋唐时期，中国的文学艺术创作活动空前活跃，出现了很多著名的书画家和文学家。特别是隋文帝、唐太宗等重视文化的皇帝的提倡与鼓励，使得毛笔的需求及文化品位日益高涨，毛笔的制作与使用遍布全国，并传出国门。

据宋代《嫩真子》一书所记，唐代在秘书省中，专设制笔工匠10人；唐代《酉阳杂俎》讲道："开元年间，制笔工匠名为铁头，能把白笔管磨成如玉一样。但是，其方法却没有传下来。"《续本事诗》讲到关于唐代德州刺史王倚的一支笔。这支笔的笔杆比一般的笔杆粗一些，且上面刻有《从军行》的画面。画面上无论是军士们的体态、装束、毛发，还是具有空间感的亭、台与远处似在流动的河水，都惟妙惟肖，繁而不乱，精彩纷呈。上面还刻了"庭前琪树已堪攀，塞外征人尚未还"的诗句。

唐代是毛笔制作技术与使用传播最广的时期。近年来，考古工作者在新疆的吐鲁番地区发现了唐墓出土的毛笔、笔架、镇纸及文书等。同时出土的还有一种独特的苇笔。《新唐书·西域上》载:"(于阗)以木为笔,玉为印。"

唐代也是中国历史上对外交流最为发达的时期,毛笔亦与中国的其他文化品一起传到世界。其中,记载实物与文字资料最丰富的是同日本和朝鲜交流的情况。唐天宝十二年(753年),中国著名高僧鉴真大师,应日本僧人的邀请,东渡日本传教。他带去了许多中国文学艺术、医学方面的人才和大量的文化艺术品,其中就有毛笔等书具。1980年,鉴真塑像回国"探亲"时,日本朋友带来了当年鉴真和尚带到日本的一支毛笔。该笔制作精良,以坚硬见长,为鉴真作画时用。唐德宗贞元二十年(804年),日本高僧空海到长安来留学。在学习期间,他特别喜爱中国的书法艺术,尤攻"二王"真迹。回日本时,他带走了一些文房用具,并继续研习,创立了日本的书法艺术。日本人尊空海为"书法元祖"及"日本的王羲之"。他曾撰写了《执笔法》与《使笔法》两部书,带回的毛笔至今还收藏在奈良正仓院。此笔的毛颖短而硬,几乎成三角形,具有显著的唐代毛笔特征,对我们研究唐笔及中日文化交流史,有着重要的价值。唐代时,朝鲜人崔政远来中国学习,18岁考取进士,著有《桂苑笔耕集》一书。唐代的史籍中,也曾记载朝鲜制作鼠、狼毫笔的情况。

唐代制作毛笔工艺发展的重要标志是形成和产生形成了中国历史上的第一名笔之乡和名笔,即宣城郡和"宣笔"。唐代宣城郡(亦称宣州)位于今安徽宣城及江苏溧水一带，以盛产"紫毫笔"而出名。当时，宣笔因是"贡品"而被视为笔中极品，不少著名的文学家、书画家，非宣笔而不用。著名诗人白居易，曾经写了一首赞美宣笔的诗：

> 紫毫笔，尖如锥兮利如刀。
> 江南石上有老兔，吃竹饮泉生紫毫。
> 宣城之人采为笔，千万毛中拣一毫。
> 毫虽轻，功甚重，管勒工名充岁贡，
> 君兮臣兮勿轻用。勿轻用，将如何，
> 愿赐东西府御史，愿颁左右台起居。
> 搦管趋入黄金阙，抽毫立在白玉除。
> 臣有奸邪正衔奏，君有动言直笔书。
> 起居郎，侍御史，尔知紫毫不易致。
> 每年宣城进笔时，紫毫之价如金贵。
> 慎勿空将弹失仪，慎勿空将录制词。

唐代名人咏诗赞美宣笔或以宣笔为题材的咏诗撰文很多，除了白居易之外，韩愈、薛涛、僧齐、耿讳等也留下了不少佳作名篇。其中，女诗人薛涛的《笔离手》，多为后人吟传：

> 越管宣毫始称情，
> 红笺纸上撒花琼。
> 都缘用久锋头尽，
> 不得羲之手里擎。

宋代的欧阳修偶得文学家梅尧臣（字圣俞）赠送给他的宣笔，高兴之余，也写了一首名为《圣俞惠宣州笔戏书》的诗，诗中写道：

圣俞宣城人，能使紫毫笔。
宣人诸葛高，世业守不失。
紧心缚长毫，三副颇精密。
硬软适人手，百管不差一。

唐宋名家的咏笔佳作，不仅反映了唐代高品位名笔在当时社会文化和生活中的地位，也为我们了解唐代制笔工艺、名笔及制笔名家发展的情况，提供了重要的史料。

首先，唐代制笔工艺水平的代表是"紫毫笔"，也被称为"宣笔"。这种笔以野山兔背颈上一种紫黑色弹性极强的毛（也称箭毫）为原料精制而成，因而称为"千万毛中拣一毫"。由于这种毛毫劲健，所以制成的笔"尖如锥兮利如刀"。而且，制笔工艺精细规整，"百管不差一"。

其次，唐代名笔已从普通的书写工具脱颖而出，成为珍贵的贡品和皇帝赏赐重臣，以及名士之间馈赠的"价贵如金"的高档文化品。

最后，唐代的制笔名家同书法家等历史文化名人建立了密切友好的关系，这其中首推宣城郡的诸葛氏和陈氏。陈氏祖籍宣城郡，为制笔世家，早在东晋时代就已驰名全国。到了唐代，独成一家之风。宋代邵博在《闻见后录》中讲道："宣城陈氏传右军求笔帖，后世益以作笔名家，柳公权求笔，但遗以二支，曰：公权能书继来索，不必却之，果却之，遂多易常笔。"这表明陈氏所制毛笔之珍贵。一是像柳公权这样的大书法家来求笔，才给两支；二是柳公权如再来取，还可以再给，表示陈氏笔对文化名家有求必应。至于诸葛氏，同书法家、诗人、文学家的关系更好，因而才有"宣人诸葛高，世业守不失"之誉。

同时，诗中也提到了在唐代的毛笔中，也有一些质地、制作工艺较次的。这些笔"用不过数日"，"有表无实"。

唐代宣笔的得名，标志着中国古代制笔工艺达到了较高的水平，也为后代毛笔的发展打下了坚实的基础。

宋代是中国制笔业发展的顶峰。这一时期，宣笔的工艺水平进一步发展，进入空前鼎盛的阶段。当时，毛笔的取料更加广泛，种类也更加繁多，出现了羊须笔、羊毛笔、青羊毛笔、黄羊毛笔、鹿毛笔、麝毛笔、狸毛笔、鼠须笔、虎仆（虎仆别名九节狸）笔、虎毛笔、响蛉鼠笔、丰狐笔、龙筋笔、狼尾笔、石鼠笔、貂鼠毛笔、獭毛笔、鹅毛笔、鸭毛笔、鸡毛笔、雉毛笔、猪毛笔、胎毫笔、人须笔、猩猩毛笔、鼠尾笔、檀心笔等。不过，宣笔仍以兔毫为主。

宋代毛笔的制造工艺较隋、唐有了很大的改进。主要是人们在宋代改变了席地而坐的习惯，变为倚桌椅伏案而书，使得姿势趋于从容舒展，对毛笔的需求从单一的坚挺转向多样化。从而有了软熟、散毫、虚锋等多种形式的出现。

宋代毛笔制作工艺的进步，使毛笔从纯书写工具过渡到一种新型的艺术欣赏品。除具有使用价值外，还有了收藏价值。因此，藏笔之风自宋代始，并以此推动了人们对毛笔的保管与收藏的研究和探索，也留下了不少好的经验。明代屠隆的《考槃余事》中记述了宋代书法家苏轼的一个保藏笔的方法，"以黄莲煎汤调轻粉蘸笔头，候干收之，则不燥"。苏轼自己在其所著《书杜君懿藏诸葛笔》一文中讲道："杜君懿胶笔法，藏笔能二三十年。每一百支，用水银粉一钱，上皆以沸汤调研如稀糊，乃以研墨，胶笔，永不蠹（即不被虫咬），且润软不燥也。"黄庭坚则总结出"以川椒黄蘗煎汤，磨松烟，染笔，藏之尤佳"。

正是宋代毛笔的改良和进步，引起了宋代书风的变革。

（3）制笔工艺的广泛普及与繁荣。

元、明、清以后，宣笔称霸一时的局面被打破了。经过几次大的战乱，宣城一带的制笔世家，分流全国各地，后再从各地分流，这造成了宣笔工艺的广泛流传和进一步的发展。

继宣城之后成为元、明制笔工艺中心的是湖州（今浙江吴兴）。湖州笔简称"湖笔"，发源于湖州郡善琏镇。那里，先后出现了冯应科、张进中、陆文宝、陆继翁、施文用等制笔名家。他们刻苦钻研前世制笔工艺，精雕华饰，博得统治者的欢心，其所制笔成为当时主要的"御用笔",从而在社会上的声誉日益高涨。同时,宣笔走向衰落,笔工们流散到全国各地去谋生。其中,一部分到了徽州,作为制墨业的附属;一部分到了江苏、浙江各地,有的也到了湖州,他们对湖笔的崛起,起到了推动作用。但宣笔的生产却没有停顿,而只是缓慢地衰落下来。

湖笔外观特征醒目,讲究分层匀扎,以羊毫、狼紫纯毫笔驰名,尤以羊毫最富盛誉。品种也繁多,以毫料来分,除了羊毫外,还有兔毫、狼毫、獾毫、狸毫以及几种毫料合配的兼毫笔,如"五紫五羊"、"鹿狼毫"、"羊狼毫"等。由于湖州地处杭嘉平原,气候温和,便于植物生长,所养山羊的毛质很好,在毫端有一段透明的尖挺锋颖,笔工们称之为黑子,世人亦称湖笔为"湖颖",成为羊毫中的上品。

湖笔的制作工艺十分讲究。大致经过水盆、结头、装套、择笔、雕刻等一系列工序。

水盆即是选毫、齐毫、造型的系列基础工作过程,它是制笔工艺中的第一道工序,也是影响整个制笔工艺的关键工序,由于选毫、齐毫、造型的工作都在水盆中完成而称水盆。

选毫,即先要将采剪来的毫料按粗细长短拣理分类,也有按毫的颜色分的;经拣选后,再用骨梳梳整,然后按每个笔头分量进行组合,并将其中扁、曲、秃的不合格毫剔掉。

齐毫,就是把一组组的笔头毫排列好,梳直,根部排齐。

造型，则是把排齐的毫毛卷起来，做成一个个笔头。

结头，是湖笔制作的第二道工序。主要是把初步成型并晒干的笔头，在根部用丝线结扎，再用黏合剂黏合起来。据记载，古时候，结头匠人在结扎时，把丝线的一头咬在口中，双手操作，结好一个笔头隔一段，然后再在同一丝线上结一个。扎好的笔头绕在脖子上，像一串长长的念珠。

装套，是把笔头装进笔管和配好笔套。对于笔管和笔套的配选也很严格，要特别注意颜色、粗细、长度、质量等。

择笔，又叫"修笔"。主要任务是将笔头加胶而择抹定型，同时还要最后检修一遍，合格品才装管配套。

雕刻，制笔行业中很重视雕刻。其刀法主要有"单刀法"和"双刀法"两种。单刀法是使用月牙形刀口的刻刀，另一种是用双刀刻成。形成新的艺术创作，使湖笔的档次提高。

湖笔的产生和发展，标志着中国传统书具文化——文房四宝基本格局的形成，特别是明清以来的文房四宝的代表及其中心的形成——湖笔、徽墨、端砚、宣纸。

与湖笔同时代兴起并发展的还有"湘笔"。湘笔以盛产于湖南长沙而得名。在品种方面，以水毫、兼毫等传统品种为主。其制作工艺特点是：不讲究锋颖的外形，所扎笔毫不分层，但却仍能达到使用起来得心应手的功效。湘笔的笔心均染成绿色或红色；使用时，笔头全开，用后套以铜制的笔帽。帽内稍藏一些水分以养毫锋，经久耐用。湘笔是中国元、明、清三代制笔业中的一个重要流派，其产品主要销于中南及西南各省。

明代的制笔业中，北方又兴起了一支新军——京笔，并很快在全国制笔业中站住脚跟，形成"南有湖笔，北有京笔"的局面。京笔以"衡水毛笔"为代表。衡水毛笔的原料以黄鼠狼尾毫、香狐尾毫为主，兼用南山羊毛、羊须、白马尾、牛耳毛等动物毛为毫，以罗汉竹、凤眼竹、湘妃竹为笔杆。衡水毛笔的特点是：锋长杆硬、易于手执、坚韧适度，含墨量大而不滴，行墨流畅而不滞，经久耐用。衡水京笔发展到清代，已经形成了自己的特点及市场，并已称雄北方，其产地为衡水的侯笔店。侯笔店的毛笔已逐渐成为贡笔，与湖笔齐名。特别是著名的侯笔店笔工李文魁到清朝光绪年间在北京设笔社后，颇受皇帝及文人墨客的喜爱，其笔社的笔被奉为官笔。衡水京笔发展到今天，依然在全国的制笔业中占有重要位置。

清代初年，江西省临川还出现过一位制笔名工周虎臣。他制的毛笔以选料精细、做工严谨、品类繁多而闻名。清康熙三十二年（1693年）他集资在苏州开设"周虎臣笔墨社"，尔后子承父业，一传七代，其制笔店也从苏州发展到上海，并形成了一个有一百多名笔工的制笔工场。所产之笔，行销全国。

元明清三代制笔业的发展，有着很大的延续性，但各个时期的特点亦很明显。

元代是湖笔兴起的时代,虽然该朝代存在仅百年,但它使软毫笔进入了一个最佳的发展时期。同时也为赵孟頫等一代书法家及新的圆转秀丽书体的形成创造了条件。

明代的制笔技艺有了较快的发展,硬毫笔取代软毫笔并占据了统治地位。明代的毛笔,笔头趋向浑圆饱满,讲究弹性适度,有关制笔须有"锐、齐、圆、健"四德之说。在笔的形制上,明代已制作出适合书写大字体的斗笔、管笔、揸笔等。适应这一时期制笔业的发展,明代有关文房用具、文房清玩的详细著述不断出现。例如屠隆的《考槃余事》、陈继儒的《妮古录》等等。

清代的制笔业在继承明代的基础上,有了进一步的发展。清初,制笔工艺仍沿袭明代旧制,到康乾时期以后,清初那种硬毫笔一家独盛的情况有了改变;明代已衰落的羊毫笔再度兴盛起来。羊毫笔的盛行,推动了清代书写工具的发展。一方面羊毫笔较以前各代均更加完善;另一方面,它推动了软毫笔的复苏,同时也推动了书坛革新之风的兴起。

近代中国制笔业走过了一条曲折发展的道路。鸦片战争以后,由于帝国主义列强的侵略,中国包括制笔业在内的传统手工业,都遭到了严重的破坏,有些名品失传,有些老的制笔世家濒临倒闭。辛亥革命后,中国的手工业有了一个短暂的复兴时期。1929年,湖笔的生产达到了一个小的高潮,仅湖州善琏镇就有300多户笔工从事笔的生产。但是,抗日战争和国内战争的磨难，又一次使中国传统的制笔业遭到了重创。

新中国成立后，党和政府极其重视传统制笔工艺的恢复与继承、发展工作，先后扶植了安徽省泾县宣笔、浙江省湖州地区吴兴县的湖笔、以河北省衡水县侯笔店村为代表的京笔和湖南长沙湘笔的恢复和发展，并创造出很多新的名笔。这些名笔既保留了传统的精湛技艺，又加入了制笔工人和技术人员的智慧，使毛笔真正成为中国人民的丰富智慧和千百年来文化积淀的结晶，构成了中国优秀传统文化的重要组成部分。

历代制笔名家

中国传统制笔工艺的发展，是以历代著名的制笔名家所创造的名笔为标志的。

中国历史上制笔名家的出现在东汉末年，其中首推张芝。张芝在正史中并无记载，其所创"今草"书法在当时闻名，又有"草圣"之称，他制作的毛笔，称为"张芝笔"。南朝学者王僧虔所著的《论书》，把张芝笔、于邑纸、仲将墨视为"三珍"。

李仲甫，汉代著名笔工，颍川（今河南省）人，以自制自销毛笔为业。汉刘向《列仙传》中记李仲甫事："汉恒帝时，卖笔辽东市上，一笔三钱。无值亦与之，明旦有成笔数十束。"这表明，当时，他的制笔技术已很熟练，且物美价廉，薄利多销。

韦诞，是中国第一个有文字记载的制笔名工。韦诞，三国时魏国人，字仲将，京兆（今陕西西安）人，以制墨、制笔闻名一时，著有《笔经》一卷传世。北魏贾思勰《齐民要术·笔法》中，亦有记载。史评其法为"强毫为柱，柔毫为被"，能达到尖、齐、圆、健的水平。

唐代的制笔名匠首推陈氏和诸葛氏。陈氏史载材料不多，只有柳公权求笔的故事。诸葛氏家族从事制笔者众多，且世代相传，名工辈出，一直延续到宋末，其中史籍中及被历代名人推崇的有诸葛高、诸葛元、诸葛丰、诸葛方等。宋叶梦得《避暑录话》中称："笔盖出于宣州，自唐惟诸葛一姓世传其业。治平、嘉祐前有得诸葛笔者率以为珍玩，云一枝可敌它笔数枝。"意思是说，毛笔大多出产于宣州，自唐代只有诸葛一家世代传下来，北宋治平（1064～1067年）、嘉祐（1056～1063年）以前，有得到诸葛笔的人都将其当作是奇珍异宝，称一支诸葛笔可以胜过普通笔数支。宋蔡絛在《铁围山丛谈》中说："宣州诸葛氏，素工管城子，自右军以来世其业，其笔制散卓也。"这里的管城子，指的就是毛笔，"散卓"是诸葛高创制的名笔"无心散卓笔"的简称。文中还讲了一个故事，在唐代有一个名士素称自己精通书法，通过宣城的地方官向诸葛氏求笔。诸葛氏送了他两支"右军笔"，他不满意；又补送了十支好笔，那个名士还说"不好使"。诸葛氏找来那人的字墨，恍然大悟地说："像这样的书法，用普通的笔就行了，我以前给他的右军笔，不是王羲之还不能用呢。"

诸葛氏家族中属诸葛高成就最大。宋代诗人梅圣俞诗称："笔工诸葛高，海内称第一！"宋书法家苏轼曾称"无心散卓笔惟诸葛高能之，他人学者皆得其形似而无其法，反不如常笔，如人学杜甫诗，得其粗俗而已"。宋黄庭坚《山谷笔谈》中讲道："宣城诸葛高系散卓笔，大概笔长寸半，藏一寸于管中。"由于其笔管之中的笔头占全笔头的三分之二，只有三分之一的笔毫做为笔锋，这样，弹性既好，而且结实，不会因使用时间长而散锋、脱毫。此外，诸葛高还"造鼠须及长心笔绝佳"。

元初著名的笔工首推湖州的冯应科。据《西吴技乘》记述："吴兴（即湖州）毛颖之技甲天下，元时冯应科者擅长，至与子昂、舜举并名，今世犹相沿尚之。其知名者曰翁氏、陆氏、张氏，皆鵔（音jùn）毫（即兔毫）也。"《湖州府志》讲道："吴兴冯笔妙无伦。"他制的笔，以尖、齐、圆、健齐备为上品。《归安县志》说："元冯应科制笔妙绝天下，时称赵子昂（元代著名书法大师）字、钱舜举（元代著名绘画大师）画、冯应科笔为吴兴三绝。"

元末明初的制笔名家首推陆文宝、陆继翁一家。明代书法家曾棨《赠笔工陆继翁》诗中说：

  吴兴笔工陆文宝，制作不与常人同；自然入手造神妙，所以举世称良工。制成进入蓬莱宫，紫花彤管飞晴虹；九重清燕发宸翰，五色绚烂皆成龙。惜哉文宝久已死，尚有家法传继翁；我时得之一挥洒，落纸欲挫词伤锋。枣心兰蕊动光彩，栗尾鸡距争奇雄。

此外，《述古书法纂》、《清署笔谈》等书也有陆文宝制笔的记载。

继陆文宝一家后，弘治时又出现了制笔名工施文用。施文用原名施阿牛。在他所制的笔杆上，多刻有"笔匠施阿牛"的署名。他的笔曾名盛一时，成为主要贡品。孝宗皇帝使用后，觉得他的笔好而名字太俗了，于是赐名"文用"。

此外，历代还有一些著名的制笔名工。例如：南北朝时的"姥善"；宋代的吕道人、吕大渊、张迁、汪伯立、吴无至等；元明时期的沈日新、王古用、张天锡等；清代的黄兴源、王永清、王兴源、李馥斋等；近代的戴月轩、贺连清、李玉田、周虎臣、李鼎和、杨振华、贝松泉等。

清代以后，制笔名家逐渐归于专门的文房四宝商号。这些商号将经营与售卖结合在一起，并以商号名代替名笔的原名。其中最有名的是六安一品斋。

一品斋全名"王一品斋笔庄"，创建于清乾隆六年（1741年）。王一品之名还有段传说。当时，有个王姓的笔工，经常背着自己制成的笔到各地流动出售。有一年赶上京城开考，他便带了很多上好的笔到京城举子居住的地方售卖。而这一年所考中的状元正是用他的笔答的试卷。消息传出后，很多人争相购买他的笔，并称他的笔为"一品笔"。这个笔工回到湖州后就开了一家笔店,取名"王一品"。

王一品笔庄的出现,标志着中国传统的毛笔贡品工艺向近现代的商品工艺转化。制笔者不再以进奉皇宫、取悦皇帝为制笔工艺的标准,而是以市场及人们的需要和时代的发展为标准。

历代名笔简录

中国制笔工艺的不断进步,也创造了各代的名笔。这些名笔主要分为以笔工姓名俗成的、以毛笔质地或工艺命名的、根据某种含义命名的、用产地命名的以及用笔型或质地命名的五种。大多数的名笔名称是由当时文人的某些记述而留传下来的,也还有大量的名笔名称没有传下来。下面列出各主要朝代的名笔名称。

(1)先秦时期。

竹挺笔 以竹质材料制作的较原始的书写工具,亦称原始的毛笔。

长沙楚笔 1954年6月,在长沙市南郊左家公山第四中学基建工地出土一战国墓葬,内有一支毛笔。因长沙旧属周朝楚国,出土的毛笔被考古工作者称为楚笔、战国笔、长沙楚笔。

云梦秦笔 1957年12月,在湖北云梦睡虎地秦墓出土了三支同样的毛笔,实用美观。考古工作者命名为"云梦秦笔"。

秦笔 秦代制作的笔。《通训·定声》中记:"秦以竹为笔。""云梦秦笔"均为竹制笔杆,且注意了装饰与美观。

蒙恬笔 由秦大将军蒙恬伐楚捕猎取毛制笔的传说而得名,实为秦笔。

苍毫笔 秦代一种兼毫笔。五代马缟《中华古今注》中说:"蒙恬始作秦笔耳。以柘木为管,鹿毛为柱,羊毛为被,所谓苍毫。"

(2)汉代。

一尺笔 汉代统一长度规范而制作的毛笔(汉制一尺合今23厘米)。1931年在蒙古索果淖尔发现的东汉笔,笔杆长20.9厘米(笔头无),若加笔头约23厘米;1957年发现的两支武威汉笔的长度分别为20.9厘米和21.9厘米。

江陵汉笔 以1975年在湖北省江陵凤凰山西汉墓中出土的毛笔命名。当时共出土毛笔两支,一支长24.9厘米,竹质笔杆,细捷圆挺,笔头圆健,尚存墨迹;另一支长24.8厘米,竹质笔杆,上尖下粗,下端凿有毛腔。笔毛均无存,两支笔极相似。

居延汉笔 1927年发现于蒙古地区额济纳河边(汉时称居延泽)的西汉毛笔,称"居延汉笔"。

御用笔 旧称帝王专用的毛笔。最早见于汉代刘歆《西京杂记》:"天子笔管以错宝为跗,毛皆以秋兔之毫。"唐代专门设立制作御笔的作坊。

史虎笔 东汉制笔名工史虎制作的笔称为"史虎笔"。

白马笔 东汉制笔名工白马制作的笔称为"白马笔"。

张芝笔 汉代著名笔工张芝制的笔称为"张芝笔"。

（3）三国两晋。

韦诞笔 三国时魏国人韦诞制的笔称"韦诞笔"。

人毛笔 用人的须发或婴儿胎发制成的毛笔，统称为"人毛笔"，创制于晋。人毛笔的制作方法与用兽毛制笔的工序相同。用于书写富于表现趣味的字。

人须笔 人毛笔的一种，即用人的胡须制作的笔。刘恂在《岭南异物志》中记："岭外既无兔，有郡牧得兔毫，令匠人作。匠既醉，固失之，惶惧，乃以己须制。上甚喜……"

竹丝笔 以竹质纤维制成的笔。始制于晋，一直延制于宋。制作方法是，将嫩竹用石块等物捶出丝来书写，这种笔写出的字韵味独特。宋米芾《笔史》中记："晋有将军会稽内史王羲之《行书帖》真迹……是竹丝乾笔所书。"竹丝笔又称"竹萌笔"。

虎仆笔 晋代以虎仆毛制成的笔。虎仆即一种狸状小兽，皮毛斑蔚似豹，取用尾毳制笔，甚为劲健。晋张华《博物志》中记："有兽橡木，文似豹，名虎仆，毛可取为笔。"

宣笔 安徽省宣州（今宣城）一带所制毛笔的统称。据史传，宣州制笔始于秦代，晋代宣笔形成风格，唐代达到鼎盛，成为中国历史上第一个制笔工艺中心。元代衰落，其地位被湖笔取代。

箕帚笔 取用细竹枝捆扎制成，用以写大字，类似扫地箕帚。始于晋代。南朝虞和《论书表》中记："子敬（王献之）出戏，见北馆新泥垩壁白净，子敬取帚沾泥汁书方丈一字，观者如市。"这段话是说，王献之去看戏，见戏馆新用泥抹的墙壁很白净，便拿来扫地笤帚，沾泥水在上面书写了一个方括一丈大的字，招来观看的人像赶集市一样。宋苏易简《文房四谱》中说："晋王献之能以箕帚（即笤帚）泥书作大字，方一丈，甚为佳妙。"

荆笔 以单一的植物材料制成的硬笔。荆，属落叶灌木，叶有长柄，掌状分裂，纤维柔软，枝条可以编筐篮等。晋王子年《拾遗记》中说："任末，字本叔，年十四，削荆为笔。"

（4）隋唐。

沉香笔 用沉香木为笔管制成的毛笔，始见于隋代。隋代著名画家王仲舒有"又赐沉香笔数支"的诗句传世。

三分笔 唐代始制的一种毛笔。即把笔头中间到一端分成三等份，靠近中间的部分为"三分笔"。三分笔写出的字，笔画浑厚。唐书法家颜真卿善用三分笔，以深厚、雄健、气势磅礴的书体特点传于后世。

于阗木笔 产于唐代于阗（今新疆和田一带）。以木为杆制成，从而又简称"木笔"。

苇笔 唐代西州（今新疆吐鲁番地区）制造的一种以芦苇为笔杆的笔。至今仍在生产使用。

鸡距笔 唐代经改进工艺制作的一种如鸡距形的短锋笔。鸡距，即鸡后爪。以其笔锋短小犀利而得名。唐代诗人白居易对此笔大加赞扬，曾作《鸡距笔赋》传世。

幽人笔 唐代诗人司空图制作的松枝管毛笔的别

称。《云仙杂记》中记，司空图隐居在中条山，取松枝为笔管，有人问他，这笔叫什么笔，他说："幽人笔正当如是。"后随称此种笔为幽人笔。

郴州笔 因产于唐代郴州而得名。唐代郴州境辖相当于今天的湖南永兴以南的耒水流域和蓝山，以及嘉禾、临武、宜章等县。郴州制笔始于唐代，且质地优良。唐代文学家曾作诗赞曰："截玉铦锥作妙形，贮云含雾到南溟……桂阳卿月光辉遍，毫末应传顾兔灵。"

鸭毛笔 唐代的名笔，以鸭毛为原料制成。唐段公路《北户录》中说到，过去溪源有一种鸭毛笔，以山鸡毛、雀雉毛夹杂做成，五色可爱。

紫毫笔 唐代的名笔，因原料取自野山兔背颈上的一种紫黑毛而得名。这种笔，其性劲健，"尖如锥兮利如刀"，但不耐用。

鹅毛笔 唐代的名笔，以鹅毛（毫）为主要原料制成的毛笔。笔性柔软。白居易有"对秉鹅毛笔，俱含鸡舌香"的诗句。

湘笔 因主要产制于湖南长沙而得名，与湖笔同时兴起于唐代。这种笔制作时不太讲究笔头外形的规整，多为不分层次的杂扎，形成当时制笔行业中的一大流派。所制毛笔，以兼毫为主，畅销于中南各省。

（5）宋元。

二毫笔 也称兼毫笔。自宋代开始出现的一种毛笔，后发展成一个门类。宋陈槱《负暄野录》中载，欧阳通以狸毛作为笔柱，以兔毫覆盖在表面。这就是二毫笔的开始。此笔一直沿用到现代。

丁香笔 宋代名笔。宋黄庭坚《笔说》中记，张遇所制的丁香笔，捻心极圆，笔头捆绑结实，用起来很有韧力。

无心散卓笔 宋代珍品，由宋代宣笔名工诸葛高所创制。该笔笔毫大约长一寸半，藏一寸在笔管中。这样，笔头可软，且根底牢固，含墨较多，书写流畅，久用不散。

长锋笔 宋代名笔，因其锋颖较长（超出一般的毛笔）而得名，也称长毫笔。宋徽宗赵构《翰墨志》中记，笔毛应使用长毫，以利竖着梳理时方便。长锋笔所用的原料多以羊毫、狼毫为主。

汪伯立笔 宋代名笔，以制笔名工汪伯立命名。南宋时，徽州的知州谢暨则以汪伯立笔、澄心堂纸、李廷珪墨、羊头岭旧坑砚合称为"新安四宝"，并列为进献皇帝的贡品。

徐偃笔 宋代名笔，以制笔名工徐偃命名。其笔笔锋像放在盐块上弯曲的鳝鱼一样，在纸上行走自如，备受当时的书法家黄庭坚推崇，有"有筋无骨，真可谓名不虚得"之说。

鸡毛笔 又称"鸡毫笔"，宋代时开始出现。此笔用鸡的有柄细羽毛及鸡的绒毛（古称鸡翮）制成。有柄细羽中的毛柄微弯，两侧羽毛短而锋颖不尖锐；鸡翮性极软，也无锋可用，因此多做中楷笔。

相思树皮笔 宋代名笔，因以相思树皮制成毛笔而得名。相思树是在中国福建、广东诸地生长的一种常绿乔木，高可达15米。北宋苏易简《文房四谱》中记："宜用相思树皮，棼其末而漆其柄，可随字大小作五七枚妙！往往一笔书一字，满一尺八屏风者。"意思是说，最好用相思树皮做笔，将其头砸成笔头，用漆漆在笔杆上，可以根据书写字的大小，同时做五或七支。往往一支笔写一个字。最大可写一尺八大的屏风那样大的字。

程奕笔　宋代江南名笔，以钱塘江笔工程奕之名为名。苏轼《书钱塘程奕笔》中记："所制有三十年先辈意味，使人作字，不知有笔，亦是一快。"这里是指程奕笔的制笔工艺非常古雅，大有当时30年以前先辈名笔的韵味。当人们用它写字时，都不知道是用笔来写的，很有意思。

鼠尾笔　宋代名笔，以松鼠之尾毛制成而得名。北宋黄庭坚《戏赠米元章》中记："万里风帆水著天，麝煤鼠尾过年年。"此处鼠尾即指鼠尾笔。

冯笔　元初湖州著名笔工冯应科所制的笔。冯笔与当时书法家赵孟頫的字、钱舜举的花鸟画并称"吴兴三绝"。《湖州府志》中曾有"吴兴冯笔妙无伦"的赞誉。

（6）明清。

玉笋笔　明代笔中佳品，属于短锋羊毫笔类。锋短而身粗，状如竹笋，故名。明代屠隆《考槃余事》中记："笔如笋尖者，最佳。"

肩毫笔　明代笔中上品，因取兔肩毫毛制成毛笔而得名。明李诩《戒庵漫笔》中记："兔用肩毫，取其劲也。有全用者，有掺半者，故有全肩半肩之号。"这里明确指出，这种笔用兔子肩部毛毫，主要是其比较硬、挺拔。制笔时有的全用兔肩毫，有的掺一半其他兔毫，所以有全肩笔和半肩笔的说法。半肩笔刚柔相济，软硬相济，经久耐用，制作较为普遍。全肩笔坚硬，但经不起摩擦，易于秃废。

玳瑁笔 以玳瑁为笔杆，是明代一种名贵稀有的毛笔。

猪鬃笔 明代笔中上品，以取猪颈部的长毛为原料制笔而得名。

白莎茅龙笔 明代书法家陈献章创制的名笔，以广东新会地区所产的山茅丝草制成，也称"茅笔"、"茅丝笔"。又因陈献章居住在新会县白莎里，世称"白莎先生"，所以又称白莎茅龙笔。此种笔一直延续到今天。

貂毫笔 也称紫貂毫，明代名笔，以取紫貂毛为原料制笔而得名。紫貂又称"黑貂"、"林貂"，形似黄鼬，体色暗褐，其尾末端毛较长，适于制作毛笔。

斗笔 明代创制的一种较大的笔，一般是指书写如斗方（一二尺见方）大小字体的用笔，多用羊毫、羊须做成。书写字时多用悬腕技法挥毫作字，所以有人又称之为"斗提笔"、"提笔"。如写匾额又称"匾额笔"。

揸（音 zhā）笔 明代创制的一种大毛笔。揸即撾，俗称五指取物。揸笔的主要特点是笔管短而粗，便于执着，用于书写大字。

棕竹管 明代著名笔管之一。棕竹为常绿灌木，颜色黑紫，质干细而坚韧。

斑竹管 明代著名笔管之一。斑竹是产于浙江、广西诸地的细竹。传说舜帝南巡苍梧而死，两个妃子来到湘水边痛哭不止，泪洒竹上，留下斑痕。又名"湘妃竹管"。这种竹子茎匀杆直，呈淡绿色并有紫褐色圆斑纹，非常美雅。用其制作的笔杆更有着一种自然美和奇特的艺术效果。

（7）近现代。

近现代时期，中国的传统制笔工艺有了很大发展。传统的宣笔、湖笔、茅龙笔等均有不断的进步和发展，还产生了一些新的制笔产地和品种。鉴于篇幅限制，下面仅列一些名笔的名称。

宣笔：安吴遗制、玉管宣毫、七根鬃、北尾合毫斗笔、古法贴毫、莲蓬斗笔等。

湖笔：玉笋、玉兰蕊、兰亭散卓、纯紫毫、铁画银钩。

此外还有：宣州紫毫、纯紫尖毫、轻舟吴越、雪藏青玉、西山红叶、石獾、石獾长锋、山马笔、虎须、豹须、鼠须、猪鬃笔、梦笔生花、追风逐月、李白咏醉、气贯银汉、长颈鹿、鹤颈等。

自清代兴起的传统老字号制笔斋——六安一品斋，也创造了不少名笔，有"爱写黄庭换白鹅"、"羲之妙笔在鹅群"、"墨海腾波"、"池上于今有凤毛"、"铁画银钩"、"京提斗"、"京抓斗"、"乌龙水"等70余个传统品种，以及"洞庭秋月"、"劲松毫颖"、"披白紫毫"、"虎群"、"茉莉鸡毫"、"兰竹"等品种。

二　墨

从石墨到徽墨

墨在中国文化发展史上占有重要的位置，在国际文化交流史上，也起着积极的作用，并且博得了很高的评价。墨是东方大量珍贵文化艺术珍品——特别是书画作品及历史文献得以完整保留下来的重要功臣；它造就了中国书画艺术在世界美术史上独特的艺术风格和地位，促进了印刷术的发明与发展，丰富了世界文化宝库。由于墨具有特殊的社会功能，所以它的起源和发展，在中国书具文化发展史上具有积极的意义。

（1）石墨与早期墨的发明。

墨有狭义和广义之分。狭义的墨是指黑色的颜料；广义的墨就是指一种特殊的颜料，如黑墨、朱墨及彩色墨等。我们这里谈的墨，是经过严格加工后的成形颜料。

墨起源于何时，现有史书及考古发掘尚无明确、科学的例证。但是从已有的资料看，我们大致也可以勾画出一个简要的线索。

从现有的出土文物及史籍的记载看，早在原始社会的新石器时期，人们已经开始用墨色美化自己的生活了。墨色与墨通用，并逐渐在各个方面得到推广使用。

原始社会新石器时期彩陶的出现，为我们研究远古人类用自然颜色装饰器物、美化生活、创造原始的绘画艺术，提供了大量丰富的资料。在已获得的出土文物中，我们看到，在用色方面，以黑色为主，加之红、白、灰等。而且这些颜色经千百年而不变，仍然鲜丽突出。这表明我们的祖先在新石器时代已经能够熟练地掌握美术装饰的原始技术，而且将黑色作为主体颜色广泛地予以运用。这样就为追求颜色永久、方便、实用为目标的早期墨的发明创造了条件。

《尚书》是最早记载有关墨的历史文献。在其《舜典》篇中写道："象以典刑"，"五刑有服"。蔡沈注："象，如天之垂象以示人；而典者，常也，示人以常刑。所谓墨、劓、剕、宫、大辟，五刑之正也。"《伊训》篇中载："臣下不匡，其刑墨。"蔡沈注："墨，墨刑也。"臣下不能匡正其君，则以墨刑加之。所谓墨刑，就是在人的面额上刺刻，然后以墨刷染，由于墨迹终生不掉，可以永远羞辱犯人。

《尚书·说命》篇中说："惟木从绳则正。"《礼记》说："绳墨诚陈，不可欺以曲直。"表明墨色已用到了木工生产中的墨线了。

《仪礼》中还记有"史定墨……扬火以作龟，致其墨"，讲的是古代巫术中占卜的一种方法，即先用墨画符在龟甲上，然后经烧灼，再看它的卜文，以定吉凶。

墨是伴随着人们生产生活的发展和需要而产生的。在新石器时代，人们已开始用墨色装饰自己的生活和日常生产、部落管理。它为墨的发明与出现，打下了基础，也可以说这是墨的原始状态。

那么这些墨色是什么物质，又从哪里来的呢？元代陶宗仪《南村辍耕录》中说："上古无墨，竹挺点漆而书。"明代古籍《拾遗记》中，有古人"克树汁为墨"的记载。这种树汁，可能是"点漆而书"的漆，因为漆树脂受空气氧化后，就逐渐变成黑色，明代罗颀《物原》中记："伏羲初以木刻字，轩辕易以刀书，虞舜造笔，以漆书于方简。刑夷制墨，史籀始墨书于帛。"据尹润生考证，原"漆"与"墨"字相通，《仪礼》注解中说："墨车，漆车也。""墨车漆之正墨无文饰，大夫所乘也。"由此可见，漆书即是墨书。区别于刻书，漆字本身不是名词，而是语词，不可误解。同时，关于"刑夷制墨，史籀始墨书于帛"，可以理解为，墨的创始来自于使用刑法，到了史籀才用墨书于帛。

据宋代《澄怀录》记载："墨菊，其色如墨，古用其汁以书写。"可以推断，用植物的墨色汁浆书写，是古代用墨前的重要颜料之一。据考察，上古还有用动物的汁浆作为颜料的，如用乌贼腹中的黑汁，并称之为"墨马之宝"。此外，还有用黑色的矿物质书写的，如《雷民传》记载："时有雷火发于野中，每雨霁，得黑石或圆或方，号雷公墨，凡讼者投牒，必以雷墨杂常墨书之为利。"

这里，还有另一种说法，有人认为墨的前身就是植物漆，即漆树上流出的液体。并举出史书记载的蝌蚪文为证。由于漆性腻重，不能长时间地停留在端头上，因此，所书写的文字，往往开始比较粗，越写越细，形似蝌蚪，所以才被称为蝌蚪文。在《水浒传》等古典小说中，常提到上古人所拿的天书是用蝌蚪文写成的，可能原因即在此。

那么早期的墨到底是什么呢？现在比较多的学者认为是"石墨"。

元陶宗仪《南村辍耕录》中记："上古无墨，竹挺点漆而书。中古方以石磨汁，或云是延安石液。至魏晋时，始有墨丸，乃漆烟松煤夹和为之。"《后汉书·郡国志》中："《博物记》曰：'县南有山，石出泉水，大如筥篆，注地为沟。其水有肥，如煮肉泪，羹羹永永，如不凝膏，然之极明，不可食，县人谓之石漆。'"北魏郦道元《水经注》中记："邺都铜雀台北曰冰井台，高八尺，有屋一百四十间，上有冰室数井，井深十五丈，藏冰及石墨焉，石墨可书，又燃之难尽，亦谓之石炭。"还有明代杨慎所著《丹铅总录》也有记载："古者漆书之后，皆用石墨以书，《大戴礼》所谓'石墨相著则黑'是也。"另，明代李时珍在《本草纲目》中记："黑石脂，一名石墨，一名石涅。（李时珍注）此乃石脂之墨者，亦可为墨，南人谓之画眉石。"

这里说明两个问题。一是石墨就是今天我们指的煤。二是石墨就是一种软质的黑石——画眉石。而从

"墨"字本身的组成看，墨是一种墨土。煤和画眉石可为块状或为粉末，是为墨色的土，然加水成块，或调成黑浆来书写。因此，我们可以说"石墨"就是早期的墨。

此外也有"松烟"之说，或称之为"松烟，石墨并存"。曹植曾有诗写道："墨出青松烟，笔出狡兔翰。"宋代晁贯之著《墨经》中记："古用松烟、石墨二种，石墨自晋以后无闻，松烟之制尚矣。"《说文解字》中记：墨"从炎上出囪"、"火所熏之色也"。"囪"即"卤"。在古代，人们取木燃火，熏在石头或陶器上，形成黑烟灰，蘸之着色，合水能书。所以松烟也应是墨的早期形态。由此才会有尔后松烟墨丸、块及松烟成为制墨主要原料的发展和进步。

真正的成形墨又发明于何时呢？对此，现在还没有确切的材料可以说明。从目前考古发掘的情况看，至少秦代已有了圆柱形的墨块了，这就是1975年12月于湖北省云梦睡虎地秦墓出土的秦墨。该墨墨色纯黑，质粒粗糙，成圆柱形。在此前后，湖北省江陵凤凰山汉墓群中，也发现了一些碎墨，其中有两块可合成一丸小圆形的整块墨。1978年9月在山东省临沂金雀山西汉墓葬中，还出土了若干芝麻粒大小的墨丸。

据史料记载，墨的使用大约始于西周。那时，已经有了用墨写的木简文书。而真正制成一种新的专为书写文字用的颜料，应当是战国以后的事情，到东汉才有了真正的大发展。早期的墨曾被称为"隃糜"，因产自陕西千阳县境内的古隃糜而得名。

(2) 墨的初步发展。

汉末至唐末是中国制墨业的初步发展时期。其显著特点是：石墨被逐渐淘汰，松烟墨有了全面的发展；制墨名家开始出现；墨的装饰性已被初步认识；墨的流传与交流有了初步的成果。

汉代，是中国制墨业发展的巨大转折时期，即从碎墨或无固定形状的墨块，向整形墨块（锭）转变的时期。也可以说，在使用方法上，是从研杵压住磨研向直接持拿在砚台上研磨的时期。在考古发掘的实物中，这一特性表现明显。从西汉墓葬中出土的墨来看，一是未见成形块状，多为碎墨，二是有附研墨的石具；而在东汉的墓葬中，已有统一形制的墨锭，且没有了附研石。这一时期的制墨技术中，已经有了"入胶"、"和剂"、"蒸杵"等工序。据《后汉书·百官志》中记载，在当时的汉朝宫廷中，已专门设置了守官令一人，主管御用纸、墨笔及封泥，还管尚书的财务开支。

三国、两晋时期，中国的制墨业发展很快，从已出土的文物看，制墨工艺有了很大进步。特别是东晋时期的书法、绘画艺术十分繁荣，从而促进了墨、砚制造技术的提高。元陶宗仪《南村辍耕录》中讲到，至魏、晋时始有墨丸，它是用漆烟和松煤夹掺在一起做成的。所以，晋朝人用凹心砚的，一定要先磨好了墨浆贮存起来再用。以后的螺子墨，就是沿袭墨丸的遗制。到东晋时，又发展锭和挺。当时的制墨原料，以江西庐山的松树为最佳。1958年，考古工作者在南京市挹（音 yì）江门外老虎山南麓，发掘出了四座东晋墓葬，均有墨砚出土，且墨质相同。1974年3月至5月，江西省博物馆在南昌市区发现的两座东晋墓中，出土了两块墨锭。其中一块墨长12.3厘米，一端宽一端窄，成茄子状。据研究，可能是受潮变形。在墓室中还出土一件殉葬品的清单，上标有"故书砚一枚、故笔一支、故纸一百枚、故墨一丸"。另一块成圆柱形，长9厘米，两端直径为2.5厘米。这是到目前为止，中国发现的最早的墨锭。这两块墨锭说明当时的制墨工艺已经有了很大的进步，特别在合胶、定型、耐用、宜保存等方面取得了很大的成就。墨锭由墨丸发展而来，当时的计量单位，仍把一只（块）墨锭，作为一个丸墨。当时的墨锭上，虽无特别的装饰，但有了可以装饰的空间和条件。历史上被传为是卫夫人（铄）所作的《笔阵图》中有一句话："其墨取庐山之松烟，代郡之鹿角胶，十年以上，强如石者为之。"这句话是东晋时代墨的写照。

东晋以后，史籍中出现了制墨名家，也出现了以制墨名家为代表的古代名墨，同时也形成了一整套严密的制墨工艺。北魏贾思勰著的《齐民要术》中记载了当时的制墨法。即将醇烟捣碎，然后放到细绢筛内，筛去草碴和细沙尘土；然后合胶，胶与墨的比例是："墨一斤以好胶五两"；并要添加一部分中草药，其中"朱砂一两，麝香一两"，另外用细筛筛过以后，掺合在一起；合料后，"捣三万杵，杵多益善"。而且，合墨也很讲究节令，一般"不得过二月、九月，温时败臭，寒则难干"。关于墨的大小，文中说道："重不过二三两","宁小不大"。

随着制墨工艺的不断提高,制墨名家及名墨不断出现,藏墨、送礼之墨、陪葬用墨等风尚遂起,逐渐形成一种文化现象。据史书记载:晋人张金、陶侃等,均以爱好收藏佳墨著称。陶侃身为东晋武将,军旅生涯四十余年,却在送给皇帝的礼物中,以笺纸三千张、好墨二十丸为贵。足见当时好墨的社会地位和文化品位,以及它的价值。同时文房用具的进步,推动了中国历史上书法、绘画艺术的发展,造就了王羲之、王僧虔这样的"书圣"和书法理论家,从而也形成了不少与墨有关的传说和故事,创作了不少这方面的诗作。例如,关于王羲之学书写字而成"墨池"的传说与诗词。其中刘言史写有《右军墨池》诗一首:

永嘉人事尽归空,逸少遗居蔓草中。
至今池水涵余墨,犹共诸泉色不同。

制墨业的发展,推动了专业制墨中心的形成。南北朝时期,河北省易水流域,因其境内多松,且质地上乘,又加之当地大批居民摸索出了规范化程度很高的"易水法"来制造高级的松烟墨,所以这种墨数量很多,流传很广,且质量上乘,被称为"易墨",在当时影响很大。南齐的著名书法理论家王僧虔,在其撰写的《笔意赞》中,以剡纸易墨起头,赞颂易墨"浆深色浓",书字绘画甚是自如美妙。宋人模仿韩愈《毛颖传》，把易墨拟人化，称之为"易玄光"，"燕人也，其先号青松子"。

唐代是中国封建社会政治、经济、文学艺术发展的鼎盛时期。为适应这一发展的社会需要，中国制墨业及制墨工艺水平也有了较快的进步。原有的制墨中心——易州亦有了很大的发展。一方面墨工大量增加，以生产更多的墨，为文人雅士所用；另一方面，不少著名的书画家也自己动手，或找人专门制墨，并成为一代制墨名家。例如著名的大篆书家李阳冰，他所制的墨被誉为"坚泽如玉"。据记载，唐明皇李隆基为了抄写四部书，命"太府"每季供给抄写笔工们的"上谷墨"（易水时称上谷郡）达三百六十丸之多。宋代何薳著《墨记》中载：唐高宗的一笏镇库墨"重二斤许，质坚如玉"。

由于制墨水平的提高，墨在绘画方面的作用和意义得到了大大的提高。武则天时，著名的花鸟及人物画家殷仲容，首创了画花卉的"墨笔点染法"。他画花卉只用墨巧妙点染，就会产生如兼五彩的艺术效果；著名的画家钟隐画物以墨分相背；著名画家邱余庆画花草昆虫，施墨色深浅以衬映，显得特别生动。

当时，一些著名的诗人在作诗会友的时候，时常以墨送友，附诗抒怀，赞墨传情。大诗人李白，写过一首专为接受赠墨的诗《酬张司马赠墨》：

上党碧松烟，夷陵丹砂末。
兰麝凝珍墨，精光乃堪掇。

诗人在诗中点出了名墨取用的名料：上党的碧松与夷陵的丹砂，再加兰麝配制而成。它的精致程度是不能用文字来表达的。

高僧齐己，也是唐代著名的大诗人。他在得到友人赠送的名墨后，喜出望外，马上写了一首五律：

> 珍重岁寒烟，携来路几千。
> 只应真典诰，消得苦磨研。
> 正色浮端砚，精光动蜀笺。
> 因君强濡染，舍此即忘荃。

诗人说：由几千里地运来的珍贵的"岁寒"，只应用于皇家写"典诰"，我可不敢用！既然要让我试一试，恭敬不如从命了。诗人试了一下，效果极好，以至于把平生珍爱的其他东西全忘了。

还有许多诗人有赞墨的名作、名句，如高适："起草微调墨，焚香即宴娱"；孟郊："偷笔作文章，乞墨潜磨揩"；李商隐："试墨诗新竹，张琴和古松"；陆龟蒙："怜君残墨风流甚，几度题诗小谢笺"，等等。

唐代制墨工艺发展的显著标志是，在墨锭上开始印上字迹，丰富了墨的艺术成分和色彩。例如唐高宗时一镇库墨，上面印有铭文"永徽二年（651年）镇库墨"。1972年，新疆吐鲁番阿斯塔那发掘了一座唐墓，内有墨锭一枚，扁而长，两头作圆形，长1.4厘米，中为白底，上有墨色阴文"松心真"三字。

唐代制墨业的发展，推动了中国雕版印刷的发明与盛行。雕版印刷需要先将墨刷在版上，然后再铺纸印刷，所以雕版又称"墨版"。唐太宗的长孙皇后遗著《女则》的印刷，是中国最早的刻本书之一。到印度取经的高僧玄奘，曾携带中国最早的雕版印刷画像之———普贤菩萨像。当时，朝廷的命令、文告等也开始用墨印刷后发送，时称之为"邸报"。

据现有史料及实物看，自唐代开始，中国有了用纸在碑刻上拓印文字的拓本（片）。而今天仍可见到的唐拓，如敦煌莫高窟藏经洞的《柳公权书金刚经》拓本，其墨色深晰，拓字字口生辣，反映出当时墨的质量已经达到很高的水平。

唐代的繁荣，加强了内地与边疆、中国与邻国的友好交往和文化交流。墨，作为一种高雅的文化精品亦流传四方。例如，文成公主远嫁西藏时，就带去了很多名墨和墨工；在新疆出土的唐代文物中，也有不少唐墨。另外同朝鲜、日本等国的交往，使中国的制墨工艺得到广泛的传播，推动了邻国制墨业的发展，有的还将其生产的精品墨贡于唐朝。

（3）"李廷珪墨"与墨业的初步繁荣。

五代至宋元时期的制墨特点是：制墨中心南移，制墨高手相继涌现，油烟墨的出现和徽墨的初步形成。

五代时期，北方战乱频繁，很多文人雅士南迁，一些传统的工匠艺人，也纷纷逃到南方谋生。其中，易水一带的制墨名工奚超等，携家带艺来到了长江以南的歙州（今安徽歙县），见该地的松林适于制墨，便定居下来，重操旧业。以后，又陆续有墨工前来，逐渐形成了一个新的制墨中心。

五代时期的制墨业，主要从南唐发展起来。主要原因是南唐的几代统治者注意国事统治，这使其在中原战乱的包围中，形成了一个较为安定的社会环境。再加之其国内经济繁荣，皇帝又酷爱吟诗作画，遂使各地的文化名人云集其国内，而且专门成立了画院。由于南唐社会安定，文化艺术繁荣，这就要求墨的制造要有一个与之相应的发展水平。而奚氏一家定居的歙州，山清水秀，经济发达，交通便利，特别是当时宣州、歙州一带的松树与易水之松相同，与黄山、黟（音yī）山、松罗山之松树都是制上上品松烟墨的好原料。优越的社会环境和自然条件使奚氏家族的制墨工艺有了超前的发展。奚氏家族制墨精致，深受南唐后主李煜的赏识，赐其家国姓"李"，奚超被封为"水部员外郎"。从此，奚超成为李超，奚廷珪成为李廷珪，以下诸儿孙皆为李姓，其家制的墨称为"李墨"，并且世代被封为墨务官。李氏一家的制墨法，从五代的南唐一直延续到南宋，所制之墨先后被称为"供御香墨"、"新安香墨"、"歙州李廷珪墨"、"歙州供进李承晏墨"、"歙州供进李承晏男文用墨"、"歙州供进墨务官李惟广墨"等等。李氏一家的制墨工艺代表了五代至南宋的水平。

此外，在歙州的制墨名家还有耿姓一家，其中有耿遂仁、耿文正、耿文寿、耿德、耿盛等。在宣州又有盛姓一族，其中有盛匡道、盛通、盛真、盛丹、盛信、盛浩等。这些制墨世家，对推动五代至南宋制墨业的发展，起到了积极的作用。

五代制墨工艺仍以李氏为代表，李廷珪尤为突出。李廷珪的贡献主要在于创造了"对胶法"与对胶中的分次和入技术，以及在原料中加上了中药，使墨锭能防腐、防蛀，久贮不变，且香气袭人。据宋范正敏著《遯斋闲览》中记载：宋代大中祥符（1008～1016年）时，有一官宦偶然将一丸李廷珪墨掉进水池，他以为墨一定会被水浸湿变形，所以没去捞它。过了一个月，他在这个小池边喝酒，不小心又把一件金器掉进水池。于是赶紧命令水性好的人，下水去捞。结果，不但取回金器，而且还取回来那丸墨。出乎意料的是，墨不但没变形，反而光色不变，表里如新。这个故事，后被人传成"置之水中，三年不坏"。

宋元时期，社会的相对稳定及经济的繁荣发展，造就了文化艺术兴盛的土壤和环境。这一时期，除了涌现出不少中国历史上著名的文学家、诗词家和作家外，在编纂大型书籍方面也特别突出，有成千卷、上万卷的巨著。如《太平御览》、《册府元龟》、《文苑英华》、《太平广记》等。一些著名的画家、书法家也独领风骚，从而使得宋代的"翰林图画院"规模空前。瓷器、织绣等工艺美术的日益发展，又形成了对墨，特别是对上等墨的需求，这样就大大促进了中国制墨业的繁荣。

宋代制墨业繁荣的标志首先表现在地域的扩大。当时的制墨中心已从歙州、宣州扩展到黄山、黟州等整个江南地区。特别是到了宋徽宗宣和三年（1121年），歙州改为徽州，统领歙、休宁、祁门、婺源、绩溪、黟六个县，属江南东路。"徽墨"之名，由此而始。

宋代制墨业繁荣的第二个重要标志是制墨名家的增多。据元陶宗仪《南村辍耕录》和明麻三衡《墨志》两书记述，从宋熙宁至宣和（1068～1125年）的五十余年间，最有名的制墨高手有汪通、张遇、朱觐、胡景纯、潘衡、潘秉彝、蒲大韶、叶世英、朱知常、梁杲、胡友直、李世英、李克恭、乐温、雪斋、刘文通、郭忠厚、齐峰、叶茂实、俞林、潘谷、谢东、吴滋、张谷、叶谷等六十余人。制墨的种类和数量均有大幅度的增加。《歙县志》载："至宋时，徽州每年以龙凤墨千斤为贡。"可见数量之多。

宋代制墨业繁荣的另一个重要标志是出现了油烟墨。中国关于油烟墨的最早记载是《庶物异名疏》。书中记：宋熙宁（1068～1077年）间，张遇供御墨，用油烟入麝、脑、金箔，谓之"龙香剂"。所谓油烟墨，就是用油（石油、桐油）烧成烟制成的墨。北宋著名科学家沈括在其所著《梦溪笔谈》中记述了烧制油烟墨的经过：石油"燃之如麻，但烟甚浓，所沾幄幕皆黑。予疑其烟可用，试扫其煤以为墨，黑光如漆，松墨不及也，遂大为之，其识文为'延川石液'"。

油烟墨的原料除了石油外，还有用桐油的。宋朝时潭州辖株洲、湘潭、益阳、浏阳、湘乡、醴陵等地，盛产油桐。宋何薳《墨记·制墨人名》中记述，当时潭州的胡景纯，专取桐油烧烟，名为"桐花烟"。制造的油烟墨坚硬而且很薄，不用外部装饰，却令人目眩。这种墨大的不过数寸，小的如钱大。画工们将其视为宝贝，专用画人物或动物的眼睛。此外，当时各地还发明了用清油、猪油等原料烧成的油烟墨。

北宋的著名诗人苏轼，曾亲自做过油烟墨。他听人说油烟墨没有松烟墨黑，感到很奇怪。"凡烟皆黑，何独油烟为墨则白？"他想，可能是由于两种烟的烧法不同造成的。松烟是取离火较远的烟，油烟则凝积在近火旁边，那么近处温度高，很容易把烟烧成灰，这样墨色可能就不够黑了。于是，他做了个试验，将油烟随烧随扫，避免让它积多燃烧，用这样的油烟制成的墨再同松烟墨相比较，油烟墨反而比松烟墨还黑。

宋代文人用墨后的体会是，油烟墨和松烟墨各有特点。松烟墨适于书写，所写的字苍劲有力，易于体现潇洒挥毫运墨的功力；油烟墨宜于绘画，所作图画光彩照人，特别适宜表现人物、山水之神韵与灵气。

宋代制墨业的繁荣，推动了制墨工艺中艺术装饰的发展，在墨锭的造型、装点方面有了较大突破，出现了"盘龙鳞鬣（音liè）"、"狻猊（音suān ní）"、"九子"、"犀角盘双龙"等等，有些还利用了"脑麝"与"金箔"来装饰，使得这些墨，"虽备黄金一斤，亦难得其一两"。

宋代制墨业的繁荣，也为人们研究与记述墨的社会价值及生产工艺情况创造了条件。自宋代始，专有人以墨为题著书立说。传下来较著名的有宋何薳

《春渚纪闻》、宋张寿《畴斋墨谱》、宋晁贯之《墨经》、宋李孝美《墨谱》、宋苏易简《文房四谱》等。晁贯之的《墨经》，已经全面地将制墨与取料、保管与工匠等有关制墨的技术，进行了深刻的分析和论述。

晁贯之的《墨经》从选松、取煤（烟灰）、和胶、箩筛、和煤、捣杵、制丸、加药、印面、墨样、墨荫、事治、研墨、墨色、墨声、辨重、新故、养蓄、墨工等二十个部分予以详细评说，集中了宋代及宋代以前制墨的经验和基本知识，对后人的研究及制墨业的发展有着极大的帮助。

元代的制墨业在宋代的基础上有了一定的发展，并且流传也更加广泛。各地也相继出现了一些制墨高手。例如：清江的潘云谷、长河的胡文忠、钱塘的林松泉、宜兴的於材仲、武夷的杜清碧、松江的卫学古、天台的黄修之、豫章的朱万初、金溪的邱可行、邱南杰父子等。其中，尤以朱万初最受元帝及当时文人的推崇。

元代制墨业也受到了蒙古民族歧视政策的影响，很多墨工沦为奴仆，正常的私人制墨业的商业活动受到破坏，使宋代以来制墨业的繁荣势头受到扼制。同时，大量出现仿制宋时名墨的"仿古"现象。此外，元代还发明了朱墨（红色墨锭）。明高濂《遵生八笺》中记，朱墨是用好辰砂一两三，红朱二两，用秦皮水煮胶清，浸七日七夜，倾去胶之清水，然后放在太阳光下晒，至干湿适可而止，再以墨印印之而成。这种朱墨在砚中研用，效果特别好，可用于绘画，但主要用于印刷业。中国最早的套色印本《金刚经注》，产于元代。

（4）徽墨的派系与明清制墨业的高度发展。

明代的政治、经济情况较元代有了巨大的转变。特别是明中叶，和欧洲通商以后，原有的资本主义萌芽有了较快的发展，国际国内市场均有扩大，制墨业也融进了商业生产的行列，有了更快发展的需要与可能，从而使墨的生产在性质、方法、规模等方面均有了彻底的改变，为明清制墨业的高度发展，创造了有利的条件。

明代制墨业发展的首要标志是派系分立，即徽墨的歙派、休派和婺源派。

歙派，即以歙县的罗小华为代表。他们结交达官显贵、依附官宦、精于贡品御墨，很多名家被当时的皇帝赏识，封以高官。在歙派中，最有成就的当为程君房和方于鲁。

休派即休宁派，以休宁县汪中山、邵格之等为代表。休派以制墨名工为主，在政治上都是没有权势的人，主要以制造商业用墨为主，他们掌握了大量丰富的经验和高超的技艺，代表了明代制墨业发展的主流。

婺源派是以徽州府婺源县墨工们形成的、具有独特地域制墨风格的群体，以詹姓一族为代表。明代有詹华山、詹文生等，清代则有詹鸣岐、詹文魁、詹成圭、詹方寰、詹西园、詹子云、詹子雯、詹衡襄、詹茂圭、詹成宇、詹公五诸家。婺源为徽墨的重要原料产地,有制墨小店上百家。婺源派墨工制墨追求民间的淳朴风格,其佳墨有"八仙庆寿"、"龙门"、"壶中日月"、"金盘露"、"凤鸣岗"、"腾蛟凤"等,多具民间艺术特色。对于婺源墨派,历史上有不同看法,有人认为不构成一派;有人则认为,其制墨风格独特,在国内外有一定影响,不应忽视,称其为明清一个制墨流派较为合适。

明代制墨业发展的第二个标志是形成了两种类型,即"精鉴型"与"市肆型"。"精鉴型"是指那些由于爱墨,而对制墨工艺进行精心的研究,并自己动手指导墨工制作供自己赏玩或赠送好友的佳墨。这样的制墨家大都很有修养,或本身就是大书画家,他们大都很富有。这样,就为装饰墨、礼品墨的工艺性、观赏性、收藏性创造了条件。

"市肆型"就是专为拿到市场上销售,或适应市场需要而制作的墨。这一类,有的以家为店,自产自销,店主既是商人,又是制墨的行家。有的则分别组成作坊和商号,从事较大规模的生产和商业活动。东家既是作坊主,又是店老板,工匠主要靠雇佣,目的是为了满足市场的需要。只要是好销的,他们就大量生产。增加品种,改进工艺,也是为满足不同层次顾客的要求。当时这类墨家,受到了文人和古墨鉴赏家的轻视,认为"不入品藻"。实际上,这正是明代制墨业进步的重要方面,同时,也为传统制墨业注入了新的生机。

明代制墨业发展的第三个标志,是药用墨的生产和研究的出现。明代著名的医药学家李时珍在《本草纲目》中对药用墨进行了详细的记述和研究。他在书中列出了一般墨治疗内科、妇产科、皮肤科、眼科等疾症的药方16个；锅底墨治内科、妇产科、小儿科、皮肤科及霍乱等病症的药方13个；灶额墨（即灶突墨）治疗内科、妇产科、小儿科、皮肤科、五官科等疾病的药方20个。同时，他还指出，只有松烟墨才可入药，以粟草灰所制的墨不能入药。松烟也是"选烟细者为佳，粗者不可用"。

明代的制墨业，松烟墨与油烟墨同时并存，且各有发展，但松烟墨仍为主流。

清代的制墨业在明代的基础上有了进一步的发展，这也是清前期统治者重视、鼓励与扶植的结果。

清代制墨业发展的重要代表是四大名家，即曹素功、汪近圣、汪节庵、胡开文。前三家属明代歙派传人，于清道光以前达到鼎盛时期；胡开文属明代休宁派传人，于道光末年以后一花独放。

清末四大家的形成，主要是清代政治、经济、文化发展的结果，政治上，清初的封建集权统治达到了顶峰，继之而来的是"康乾盛世"；经济上，传统的自给自足的封建重农经济，已为发展迅猛的资本主义萌芽所冲击；文化上，传统的制墨业已形成了一系列制造工艺、新的供求关系及生产关系。因此，清代制墨四大家已非昔日的李氏（奚氏）、耿氏、盛氏的家族所能比拟。他们已经不是传统意义上的制墨名家，而是新兴的制墨巨头。他们的名字，已不是自己的称谓，而是自己开设的制墨作坊的招牌。他们已不是有名的制墨工人，而是一个方面、一个地方、一个时代制墨业发展的创造者和指挥者。他们一般都开有一两个"墨肆"，既生产，又销售，还办理定做的业务。同时，这四大家，又纷纷创出了自己的名牌产品，以名墨享誉全国。例如：曹素功的"紫玉光"、"天琛"、"千秋光"、"耕织图"等；汪近圣的"黄山图"、"新安山水"、"千秋光"等；汪节庵的"兰陵氏书画墨"、"青麟髓"、"新安大好山水"等；胡开文的"骊龙珠"、"古隃糜"、"千秋光"、"万寿图"、"金壶"、"乌金"等。

四大制墨名家一般还注意著书立说，总结自己的经验并宣传自己。曹素功著《墨林》，后至晚清又编印为《艺粟斋墨录》一册；汪近圣的后裔辑有《鉴古斋墨薮》四卷。

四大制墨名家已经开始并大大发展了系列生产与经营。例如：曹素功主要生产丛墨，即套墨。"紫玉光"墨计有36锭，墨上分别印有黄山36峰，拼合恰成一幅黄山全景图；"天瑞"墨汁十种合一匣，彩图分别是10个人物：草圣、酒仙、真儒、隐者、羽士、侠客、高僧、美人、词伯、画师。而胡开文则开设了总店与分店，在休宁县设总店，屯溪设分店，之后又在安庆、芜湖、上海、杭州、苏州、扬州、镇江、武昌、汉口、长沙、广州、成都等地设分店，批发与零售兼营。

清代制墨的名家除四大家外，明代徽墨两派的传人也有很大发展。例如：歙派的程正路、吴守默、叶公侣、方椅村、方密庵、巴慰祖、程一卿、汪瓛、程振申、江德量等；休宁派的叶玄卿后代、汪启茂、汪时茂、天一氏、吴天章、胡星聚、王俊卿、王丽文、叶靖公、程怡甫等。

　　清代制墨业中还有一个重要的方面，就是出现了"官墨"（也称"御墨"）的制造机构。他们按照宫廷意志制造，专为官府和皇帝使用。清初，内务府只是征召一些墨工，用宫内原来收藏的明墨做原料，重新加胶，印型，成为"再合墨"。乾隆六年（1741年），清帝召制墨名家汪近圣次子汪惟高与制墨高手吴庆禄入京，教习宫廷墨工制作精品墨，直到乾隆末年。前后五十余年，宫廷墨工制造出大量精品。例如：御制罗汉赞墨、御制石教文墨、御制西湖名胜图墨、御制咏墨诗墨、御制天保九如、御制文渊阁诗墨、御制兰亭高会墨、御制关槐山水墨、御制黻黼昭文墨、云福朱墨、光被四表墨、御制棉花图墨、御制耕织图墨等。这些墨中有一些传留下来，成为中国文物精品的重要组成部分。

　　中国墨汁的制造，始于清代光绪年间（1875～1908年），由谢松岱、谢松良兄弟二人首创，取名"云头艳"墨汁。

　　鸦片战争以后，帝国主义的文化入侵使中国传统的制墨业受到了严重的挑战。被称之为"洋烟"的工业炭黑闯入中国制墨原料市场，由于其价廉、方便，一些经营困难、资金紧张的墨肆，开始用洋烟做原料制墨。这样就极大地打击了国内烟墨的生产，特别是坚持以国内烟墨为特色的徽墨生产，呈现了"败象横生"的局面。

(5) 中国近现代制墨业的艰难行程。

鸦片战争以后，清王朝的统治日益衰败，国内制墨的传统工艺行业，均受到了前所未有的打击和破坏。辛亥革命以后，传统制墨工艺的生产日渐恢复。徽墨中的歙派亦有胡开文、胡爱棠、胡正文、胡圣文四家墨店。他们平均年产量在5000余斤。休宁的墨业，有胡开文老店、屯溪胡开文以及屯溪胡文义记三家。宁城内有胡开文、胡子卿两家。每年可制墨两百担，总收入在两三万元以上。同时，原有各地的制墨手工作坊，有的因使用"洋烟"做原料，或融进现代资本，亦有的发展较快。有的地方还成立了制墨行业组织，例如上海的"上海制墨业劳会"。抗日战争的爆发，又一次将中国的制墨业推向了深渊。

中国制墨业迎来发展的春天，是在中华人民共和国成立以后。其显著的特点是老店枯木发芽。

1956年1月24日，胡开文墨品工业社、日新化工厂、胡开文大记和胡开文仲记四家，合并为"公私合营屯溪市徽州胡开文墨厂"。尔后，1957年，上海的"曹素功墨店"点火炼制油烟墨，恢复了曹氏高级系列墨的生产，几百年来一直称名于世的紫玉光、苍龙珠等又先后面市。此外，还开发了一些新的名品，如苍云珍品、廷珪遗法、潇湘八景、八宝奇珍、十二生肖墨、龙凤墨、十大仙墨等，年产量已达20吨。

历代制墨名家

中国传统制墨工艺的发展，始终同著名的墨工相联系，并不断造就新的制墨大师，推动制墨业的不断进步。特别是在中国漫长的封建社会史中，这些制墨名工的产生与延续，无不同自给自足的自然经济和封建中央集权制相联系，同当时社会的政治、经济、文化的发展相联系。制墨名工的发展史，就是中国制墨业发展史的精髓。

韦诞（字仲将），公元三世纪人，三国时期著名书法家和墨家。曾任魏明帝太和年间武都太守、光禄大夫等职。他嗜墨如命，收藏并接触了当时很多的名墨。他在总结前人制墨经验的基础上，刻意探求，制出了一代名墨，史称"伍及墨"。时有"仲将之墨，一点如漆"之誉。他本人亦言："夫欲善其事，必先利其器，若用张芝笔，左伯纸及臣墨，兼以三者又得臣手，然后可以逞径丈之势，方寸千金。"在当时的文人雅士中备受推崇，成为三国时期以漆烟、松烟夹和而为特色的一代制墨名家。

张永，南朝刘宋著名墨工。他制的墨名声很大，以至于每当宋文帝（刘义隆）批阅其进呈的奏章时，总是叹道："供御者不及也。"后来，专门诏张永进宫督造御纸、御墨。

祖敏，唐代著名墨工。易州人。曾被唐朝封为墨务官，主持全国制墨的生产督理。造墨以鹿角胶煎膏而和松烟制成，佳妙上乘，唐代闻名，所制的墨后人称为"祖敏墨"。

奚鼐，唐代制墨名工，易州人，与奚鼎兄弟二人同以制墨称名当时，其中奚鼐更为有名。他制的墨上有光气，印有"奚鼐墨"及"庚申"铭文。

奚超，唐末至五代南唐期间的制墨名工，易州人，奚鼎之子，奚廷珪（李廷珪）之父。唐末战乱，携全家南迁歙州（今安徽省黄山市歙县），重振墨业，受南唐后主李煜赏识，赐国姓"李"，所制之墨，泛称"李墨"。

奚（李）廷珪，唐末至五代制墨名工，易州人，后迁居歙州，唐代至五代期间著名墨工奚（李）超之子。他继承了父辈的精湛技艺，并刻苦钻研，改进工艺，最后形成了独领数代风骚的"歙州李廷珪墨"。他制的墨首先是工艺精。在配料方面，一斤松烟之中，用珍珠三两，玉屑、龙脑各一两，同时和以生漆，捣十万杵；因而有所谓"得其墨而藏者不下五六十年，胶败而墨更调。放在水中三年不坏"之说。在工艺方面，他创造了"对胶法"，即在烟中和入等量的胶，改变了以前用胶的分量只有一半的旧工艺；同时，还首创了分次和胶技术，有时多达四次，史称此部分墨为"四和墨"。为了防腐、防蛀，长期保存，他还改进了制墨配方，加入了珍珠、麝香、冰片、樟脑、藤黄、犀角、巴豆等12味中草药。在造型方面，他制的墨极为讲究，其名色主要有"剑脊龙纹墨"、"双脊鲤鱼墨"、"蟠龙弹丸墨"等，并且开始使用墨模。其家世代受到宫廷的重视,曾被南唐后主李煜赐姓李,其父被封为"水部员外郎",他及子孙被封为世代墨务官。他制的墨被称为御制香墨、新安香墨等。当时,澄心堂纸、龙尾砚及李廷珪墨,合称为南唐"文房三宝"。当时及后人多有赞誉,他的墨被称为"丰肌腻理、光泽如漆"、"坚如玉、纹如犀"、"天下第一品"等。到了宋代,竟发展到"黄金易得,李墨难求"的状况,一枚李廷珪墨卖到一万钱。李廷珪墨在中国制墨发展史上,取得了重要的地位和成就,为徽墨的发展,奠定了坚实的基础。

张遇,宋神宗熙宁、元丰年间(1068～1085年)制墨名工,黟州人。以特制"供御墨"称名于当时的制墨行业。他生产的墨,主要是油烟墨。"龙香剂墨"是他的代表作。据记载,张遇创制了用油烟、脑麝、金箔成墨的先例。他制的墨流传很广,就连当时的敌对国家——金国的皇帝金章宗,也派人购买张遇制的"麝香小御团墨"。宋代另一位制墨家潘谷曾在秦少游家看到"张遇墨一团,而为盘龙鳞鬣,悉具甚妙,如画其背。皆有'张遇麝香'四字"。宋代一些收藏家,争相收其所制之墨,成为当时一种风尚。到了元、明两代,张遇墨更为珍贵。

吴滋,宋代著名制墨工,新安(今安徽省歙县)人。终生钻研制墨技艺,并且广泛借鉴他人经验,力求精益求精。他利用对胶法使其制墨技术大增,制成的墨品有"滓(音 zǐ)不留砚"之称。元陆友所著《墨史》中记,宋孝宗赵昚在当太子的时候,因为看吴滋所造的墨特别好,曾例外赏给吴滋缗钱二万。宋代李司农曾说:"新安出墨旧矣,唯李超父子擅名。近日墨工尤多,士大夫独称吴滋,使精意为之,不求厚利,骎骎及前人矣。"意思是说,新安有产墨的传统,唯有李超父子最有名。当时的墨工很多,只有吴滋制作最精心,不追求厚利,快追上前人了。

潘谷,宋元祐时期制墨名工,新安人。他制墨有三条原则:一是制墨精妙;二是售墨时其价不二;三是不持钱求墨,不计多少,来者必送。他所制的"松丸"、"狻猊"、"枢廷东阁"、"九子墨"等名墨,被时人与后人称为墨中神品。他所制的墨,一律被人称为潘墨。潘墨的特点是:"香彻肌骨,磨研至尽,而香不衰。"著名诗人苏东坡做《孙莘老寄墨》诗,以赞颂潘墨:

> 徂徕无老松,易水无良工。
> 珍材取乐浪,妙手惟潘翁。
> 鱼胞熟万杵,犀角盘双龙。
> 墨成不敢用,进入蓬莱宫。
> 蓬莱春昼永,玉殿明房栊。
> 金笺洒飞白,瑞雾萦长虹。
> 遥怜醉常侍,一笑开天容。

潘谷还精于辨墨之学,凡墨只要经他一摸,立即能辨知其精细,苏东坡推之为"墨仙"。

戴彦衡,宋高宗绍兴年间新安人,著名墨工。他曾于宋绍兴八年（1138年）制作出一套"复古殿供御墨"，墨面印制宋代画家米芾所绘的"双角龙"、"珪璧"、"戏虎"等图案。制墨尤其注意选料，极力推崇以黄山之松为根本。戴彦衡死后，诗人吴可曾为悼念他写了一首诗：

> 病来漫喜折钗股，
> 老去长怀双脊龙。
> 他日扁舟会乘兴，
> 摩挲圭璧小从容。

沈珪，宋代著名墨工。嘉禾（今浙江嘉兴）人。原为绸缎商人，后常到黄山经商，学得歙县一带制墨之法，并刻意研究创新，所制之墨称誉当时。他制墨的特点是："以意用胶，墨无定法。"也就是说他不拘泥用一种方法制墨，而是在用胶方面不断创新。他还创造了"漆烟"，即取古代的松烟，掺杂以脂漆滓一起再烧，得出的烟煤极其精细，故称"漆烟"。时人滕令瑕称："虽二李（李超、李廷珪）复生，亦不能远过之。"并在其《墨铭》中说："沈珪对胶，十年如石，一点如漆。"

叶茂实，宋代著名制墨家。他注重总结前人经验，刻苦钻研制墨新法，创出闻名一时的"叶茂实制墨法"。元代陆友著的《墨史》中对其法有如下表达："用暖阁幂之以纸张，约高八九尺，其下用碗贮油炷灯，烟直至顶，其胶法甚奇，内紫矿、秦皮、木贼草、当归之类,皆治胶之药。盖胶不治则滞而不清,故其墨虽经久,或色差淡,而无胶滞之患。"元陶宗仪称其"惟茂实得法,清墨不凝滞"。从江苏出土的半枚墨,正面存"实制"二字,质细如玉,经研究为叶茂实之墨。

苏澥(音xiè),字浩然,号支斋居士,陕西武功人,宋代制墨名家,主制松烟墨。宋何薳在《墨记》中讲道:"高丽人入贡,奏乞浩然墨。诏取其家,浩然止以十笏进呈……世人有获其寸许者,如断金碎玉,乃争相夸玩云。"可见声望之高。

刘法,金代著名制墨家。他深钻细研传统制墨技法,逐渐形成了独特的造墨之法——"刘法造墨法"。其法在杨邦基画《墨史图》中记载:"一曰'入山'、二曰'起灶'、三曰'采松'、四曰'发火'、五曰'取煤'、六曰'烹胶'、七曰'和剂'、八曰'成造'、九曰'入灰'和'治刷'、十曰'磨试'。"

朱万初,元代著名墨工,豫章(今江西南昌)人。他最擅长以纯松烟制墨,即只取那些有三百年以上树龄的精良松树做制墨原料。元代大书法家康里子山特别喜爱朱万初的墨,他将其墨进献元帝,备受赞赏。元人虞文靖曾称赞其墨"沉着而无留迹,轻清而有系润",还作诗赞曰:

> 霜雪摧残涧壑非,
> 深根千岁斧斤违。
> 寸心不遂飞烟化,
> 还作玄云绕紫微。

陶得和，歙县人，元代著名墨工，以专制桐油烟墨享有盛名，尤其受到当时达官显贵、文人雅士的欢迎。大画家倪瓒曾作七绝二首：

> 麋角万杵捣玄霜，
> 螺制初成龙井藏。
> 悟得廷珪张遇法，
> 古松烟钿色苍苍。

> 桐花烟出潘衡后，
> 依旧升龙柳枝瘦。
> 请看陶法妙非常，
> 一点浓云琼褚透。

罗小华，名龙文，字含章，号小华，歙县人，明嘉靖时著名墨家，徽墨"歙派"的代表人物。他制作的"小道士墨"最为著名，人称其制造的墨为"罗墨"。他一生制作了很多名墨，如太清玉、佛元珠、神品、天宝、玉虎符、伏虎、朝升三级、尧年、通天香、临池志逸、师蛮、龙涎香墨、碧玉圭、龙柱、仙芝、玄霜、五璃文、青蒲幽居、金龙捧珠、华道人墨等。他的墨有"坚如石、纹如犀、黑如漆，一螺值万钱"（《歙县志》卷十）之誉。罗小华在政治上依附权贵，很受明世宗朱世熜的赏识，成为严嵩之子严世藩的幕宾，后被封为中书舍人。严嵩被诛时，受株连被杀害。

程君房，明代著名墨工，歙县岩寺镇人，是继罗小华后"歙派"制墨业的旗手，人称他是李廷珪后第一制墨高手，有"凡知徽墨者，无不知程君房"之说。他自幼对制墨就感兴趣，刻意钻研，追求创新。他制的墨"寂光内蕴，神采坚持"。他能用桐液500斤烧烟，得最轻清烟不过百两。他制造了很多名墨，如玄元灵气、龙膏烟瑞、重光、妙品、芳泽、为子榴、合懽芳、贝多、青玉案、寥天一等。这些墨经得起岁月的考验，千年不变。今存世的明万历二十二年（1594年）制的"寥天一"墨，包以绫文，画牡丹其上，通体漆衣。棱角处虽破觚为圆，但仍有玉润珠圆之妙。董其昌曾夸奖说："百年之后，无君房而有君房之墨；千年之后，无君房之墨而有君房之名。"邢太朴称"程墨"的特点是："坚而有光，黝而能润，舐笔不胶，入纸不晕。"著有《宝墨斋记》、《墨苑》等书。

方于鲁，明代制墨名家。初名大激，后以字为名，改字为建元，歙县岩寺人。早年曾在程君房处做学徒制墨，深得其法。幼年学诗，亦得到了汪道昆的赏识，招入"丰干社"，并彼此结为姻亲。成年后，程家对他非常信任，把全部墨业交他经营。后因两家反目，方于鲁独立经营墨肆。他制造了很多名墨，如九玄三极、文彩双鸳鸯、文犀照水、五岳藏书、佳日楼、天符国瑞、国宝、铜雀瓦、龙九子、凤九雏，以及今存上海博物馆的"九鼎图"和故宫博物院藏的"寥天一"等，都曾被誉为"前无古人"的佳墨。其制墨法较程君房又有创新，主要是以桐油取烟，和墨不用漆而用广胶，解胶不用栲皮而取用灵草汁。其制墨饰的五彩，有灿烂缤纷之感。例如"文彩双鸳鸯"墨，重141.9克，通体漆衣，加以髹彩，两面边界及五字铭文皆饰金箔，铭文界栏间涂石绿，图案更施金、碧、朱、蓝、绛诸色。方于鲁在明万历十六年（1588年）编辑《墨谱》八卷，汪道昆、汪道贯二兄弟分别作《墨赋》、《墨铭》、《墨书》以评赞。

方瑞生，明代隆庆、万历年间制墨名家。字澹玄，歙县人。曾拜当时的文坛名流袁道中为师，诗文颇负盛名。他平生酷爱制墨，他制的墨，造型非常巧。他一生中制造了很多名墨，明万历四十三年（1615年）所制的"非烟墨"，特别受欢迎。汪道昆《非烟墨铭》中称非烟墨为墨中极品，可以蔑视当时的任何名家墨。著有《墨海》一书，历史及科学价值极高，与程君房著的《墨苑》和方于鲁著的《墨谱》并称明代三大制墨艺术佳作。

汪中山，明代著名制墨家，安徽休宁县人，是徽墨休宁派的创始人之一，同时也是"集锦墨"的创始人之一。墨工出身，从实践中摸索创造了一整套制墨工艺，特别是在注重实用的基础上，注重观赏性和收藏性，在当时不仅影响到徽墨休宁派以后的发展，也影响到歙派的一些制墨名家。他制造的名墨很多，例如太极、玄香太守、客卿、松滋侯、不可磨、未曾有等。他制造的"集锦墨"，被称为"瑶函墨"、"豹囊丛墨"等。明高深濂所著的《燕闲清赏笺》中记，前人如汪中山制墨，质量佳美，不亚于罗小华墨，其精品以豆瓣楠木为匣，内有红漆，錾以中款，称为太极、两猊、三猿、四象、五雀、六马、七鹇、八仙、九鸳鸯、十鹿等，都是以鸟兽取第二个字。此外，还有客卿四种小圆墨，被称为太极、八卦、圆璧、琼楼；有松滋侯四种小方墨：一亚字、二罗纹、三九云、四璃杯。墨的形制有墨挺、墨柱。

邵格之，明代制墨名家，名正己，安徽休宁县人，自号青丘山人。与汪中山共为徽墨休宁派创始人。墨工出身，具有精湛的制墨技艺和丰富的经验，又加之善于诗文，因而所制墨品为当时的大批文人学者所喜爱。他制成的名墨有：天黄天符、墨精、清都玉、功臣券、葵花墨、古风柱、梅花妙品、紫金霜、紫微墨、神品等，他制的墨上一般都有落款，有的标"神品邵格之制万历三年"，有的镌刻上"嘉靖庚子卧蚕文休邑邵格之精制"。

叶玄卿，明代著名制墨家，别号如道人，安徽休宁县人，明万历年间徽墨休宁派制墨大家，与程君房、方于鲁、汪中山齐名。墨工出身，后独树一帜。其传世名墨有：二西山歌、太乙玄灵、世宝墨等。墨上常标"玄玄子"款，并有"玄卿"篆文印章，也有的标"××年苍苍室藏款"、"叶玄卿按易水法制"等字样。

潘一驹，明代天启年间制墨名家，字嘉客，号蜨庵，别号客道人，安徽歙县人，徽墨歙派中的著名"集锦"墨制墨家。他自幼爱墨，钻研墨。曾官至广东通判，后弃官回家，专心制墨。《歙县志》载潘一驹是"文人自怡"的制墨家。后人称他所制之墨，专供自用或贻赠友朋,墨款常署慧业斋或餐秀亭。既不孜孜唯利,也不斤斤于沽名,有别坊间市肆之制。其制作的名品有吉云露、紫极龙光、金质、寥天一、九吉三玄等。其墨"墨质坚细,锋可截纸"。

方正,明成化、正德(1465～1521年)年间著名制墨家。安徽歙县人,徽墨歙派的早期制墨家。其家世袭传统墨法,并不断有所创新。所制之墨,墨面标有"新安方正"、"新安振肃坊"等款识。其制造的佳墨有牛舌墨、碧天龙气、清悟墨禅、金凤鸣阳、极品青烟等。

汪仲淹,名道贯,汪仲嘉,字道会,二人为兄弟,号称汪氏二仲。明代万历年间著名歙派制墨家。二人常常合作制墨,有名墨"子墨客卿"等。汪仲嘉自制的名墨也很多,例如龙香剂、不可磨、山龟轻烟等。汪仲淹著有《汪次公集》,汪仲嘉著有《小山楼稿》。

潘方凯,字膺祉。明代万历新安人,徽墨歙派著名制墨家。其制墨之法多受前辈潘谷的影响。他采用自己选好的松木取烟,然后用鹿胶掺揉在一起,经过九蒸四浸,再加上捣杵一百次以上的方法,造出了"烟细胶新,杵熟蒸匀,色不染手,光可射人"的佳墨。他所制的墨,受到名家的赞誉,纷纷为其写《墨评》,作《墨歌》,题《墨序》,撰《墨说》,书《墨赞》,镌《墨铭》。潘方凯在自著《潘膺祉墨评》中引用太原王穉登语:"潘君方凯有墨癖,试其所制甚精意,不独高视罗、邵、方、程辈,将与韦仲将、李廷珪、潘谷等相角逐。"当时人称他制的墨"黝如漆，轻如云，清如水，晕如岚，香如婕妤之休"。他的名墨有"天保九如"墨等。著有《潘膺祉墨评》一书。

丁云鹏，字南羽，号圣华居士，明代徽墨休宁派著名制墨家，也是明代著名的画家。他为名墨工画墨模，成为当时著名的墨模绘画艺术家。对歙派、休宁派的制墨业，均有很大贡献。他在绘画的同时，自己也精于制墨，"松润云春"墨，是其重要的代表作之一。

程公瑜，一号隐道人，别署真实斋，徽州歙县人，明代天启、崇祯年间著名制墨家。徽墨歙派的重要成员之一，以精制文人自怡墨著名，后世人称他"康熙制墨或胜启、祯，程氏公瑜尤巨擘也"。其代表作是卿云露墨、大国香墨等。《四家藏墨图录》称其卿云露墨"若烟非烟，若云非云，郁郁纷纷，萧索轮囷，是谓卿云"。全墨共10笏，其式各不相同，上镌江都姚思孝题铭。其大国香墨通体漆衣，面中微凹，浑金璞玉，瘿山带河，具有明末风格。现上海博物馆藏一套"世掌丝纶"墨，全套八笏，亦甚精美，形态各异。

孙瑞卿，号玉泉，明神宗万历（1573~1619年）时歙县著名墨工，是徽墨歙派的重要成员，多沿程君房、方于鲁之技法与风格，并有所创新，深受当时的文人公卿所喜爱，所制名墨有杏花燕子、万福攸同、千镫寸玉、寥天一、玄精大圆、玄府璆琳、霞城山中制玄精大圆墨等。其中寥天一墨与前人所做之墨不同，全身外饰蛇皮纹，墨面镌刻汪道昆题铭。时人称其墨"质如漆，斑驳陆离，似太学石鼓"。

江正，字晴川，明末歙县著名制墨家。他除了可制油烟墨外，仍坚持运用古鹿胶制松烟墨。清王士祯《渔洋精华录》中记《题梅渊公所寄江正鹿角胶墨诗》一首：

> 深山五月中，鹿角焕初蜕。
> 取作黄明角，良工妙调剂。
> 黄山松万株，寿者几十岁。
> 古尾收轻烟，万杵功不细。
> 易水渺已远，潘张复谁继？
> 歙州有江正，妙绝善斯制。
> 故人鹿裘翁，爱我一丸惠。
> 老无隃糜赐，研田芜不薙。
> 晴窗手摩挲，风月忽开霁。
> 袖中官好帖，飞动苦难逮。
> 牙滑剡溪藤，熟视空睥睨。
> 啜叶亦复佳，为君扫文字。

所制名墨有玄玉、万杵玄霜、晴川江正制墨等。

吴拭，字去尘，别署浴研（砚）斋，明代末年休宁县著名制墨家，是徽墨休宁派的成员之一。他在制墨之余，酷爱琴、棋、书、画与作诗文，却不奢华。为人豪爽，潇洒脱俗。明麻三衡《墨志》中称他制的墨"金章玉质，尽艺入微"。人们常常以去尘与程孟阳并举,称之为高流韵士。康熙《徽州府志》称他:"生平制墨及漆器精妙,人争宝之,其墨值白金三倍。"清张仁熙所著的《雪堂墨品》中记曹正则称赞吴拭的墨为:"累之小品,长不逾寸,纵之仅而倍焉。磨口截之,如昆刀之切玉。"他制作的名墨有未曾有、鸟玉液、断璧、不可磨、无名朴、袭明、花铁、七宝光、元璧、恩混成、嫌漆白、湛睛、元草、紫金光聚、庵摩罗、写经墨、空青等。

程孟阳,名嘉燧,徽州歙县长翰山人,明末著名制墨家。其制墨不多,但精益求精。他又爱好并擅长诗画创作,为钱谦益所推重,被称为"松园诗老"。他擅长制松烟墨,其墨之精,可与江正所制之墨相媲美。他制造的名墨有松园书阁、真赏、小象等。著有《松园浪淘集》、《偈庵集》等书。

吴叔大,明末徽州休宁著名制墨家,以制作仿古墨为主,技法上仍追求创新。正如时人所说,吴叔大的做法是"法准古,范准今。膏采之桐,胶采之广。滚以金屑,芬以冰麝,因以为一螺,为万杵"。其所制名墨很多,尤以仿雪堂义墨三十六品最为著名,其中天琛、千秋光、寥天一、九玄三极等,均胜过前人。其特点正如清陈廷敬在《墨品赞》中所说:"黝兮如漆,坚兮如石。或圆或长,不挺不剂。用以缕文士之英华,不减龙香之制。"这是指他的墨墨亮像漆,坚硬有如石头,不管是圆的还是长的,既不特别死硬也不松软,用于书写精致的文章,一点也不比龙香墨差。

麻三衡,字孟璿,明天启年间宣城著名制墨家。

他刻苦钻研古今制墨之法，特别注重明代徽州一带制墨业中的著名墨工和技法，特别注意总结自古以来有关墨的收藏情况和经验。著有《墨志》二卷，为研究中国制墨业的经典之作。

许楚，字芳城，号青岩，徽州歙县潭渡人，明末著名墨工，善诗文，曾参加明末"复社"。在制墨方面自成一家，不入派流。其代表作是"月债"。江天一曾为他撰写《许幼伊墨引铭》。

汪鸿渐，字仪卿，自称桑林季子，徽州休宁人。明末徽墨休宁派后起之秀，著名制墨家。细心钻研名家制墨之法，首创琴形墨。后多为休宁派墨工所仿效。其制品九笏为一套，贮藏在琴式髹彩漆盒内，造成各式各样的古琴，清代休宁制墨家更将其发展成一种工艺品。

程瑶田，又名一卿，字易畴、易田，墨肆名佩韦斋，明末清初歙县著名制墨家。其为清代著名的经学家，刻意钻研制墨，不受传统限制，尽情发挥，所制墨不下数百种，并提出归于适用的主张。传世之墨有礼堂写六经盒墨四笏。其风格兼"自怡"、"精鉴"、"市鬻"三者而有之。

曹素功，名圣臣，字昌言，原名孺昌，一字荩庵，号素功，安徽歙县岩寺镇人，为清代制墨四大家之首，徽墨歙派成员之一。其在明末著名制墨家吴叔大的基础上发展起来，继承了吴叔大的墨名、墨模，将吴的老店"玄粟斋"改为"艺粟斋"。另外，因其在清初曾被授布政司，广交了官绅权贵，生意大进，名声很大。他制作了很多名墨,例如,紫玉光、天琛、天瑞、千秋光、笔花、岱山、薇露浣、非烟、香玉五珏、文露等。其中"紫玉光"是曹素功的得意之作。相传为康熙皇帝南巡时赐名。《墨品赞》把它列为第一,并赞这种墨是"应运而生,玉浮紫光。名曰隃糜(音 yú mí),天下无双。超溪迈沈,独擅众长。图以黄(黄山)、岳(白岳),焕手文章,芬芳馥郁,密致坚刚。允为世珍,金玉其相"。他创制的"耕织图",是当时最大型的丛墨,全套共47锭,分装于两个长方形漆盒里。两个漆盒装饰精美,上有双龙戏珠描金图案。在这套墨中,首锭为标题墨,为康熙皇帝楷书题"御制耕织图诗",背面为龙纹图案。从第2锭到第24锭为"耕图",从第25锭到第47锭为"织图",所有墨都是正面图,背面镌刻康熙御制诗。其制之墨,人称"素功墨",著有《墨林》一书,至晚清,又将此书编印为《艺粟斋墨录》一册。其制墨之法被其后人世代相传,并不断扩大经营规模和范围,成为中国制墨业的重要老字号。现上海博物馆收藏有多种"素功墨"。

汪近圣,徽州绩溪县尚田人。清代四大制墨名家之一。从墨工起家,曾在曹素功墨肆制墨多年,熟练地掌握了"素功墨"的工艺技术和墨肆的管理方法,于清康熙年间脱离曹素功,独立开墨肆"鉴古斋",自产自销。他在素功墨的基础上,钻研创新,自成风格。人称其墨"坚硬细密,光泽明亮","近圣汪氏独能鉴古法,而更为调燮,光可以鉴,锋可以截,比德于玉，缜密而栗"。其制作的名墨有耕织图、罗汉赞、西湖图诗、御用彩珠、黄山图、新安山水、千秋光、龙光万载、石鼓文墨、花卉诗墨、文渊阁诗墨、云海钟灵、毓峰选烟、金壶墨针、青云露等。他的后裔继承了他的制墨工艺。有文辑《鉴古斋墨数》一书，四卷。

汪节庵，名宣礼，字蓉坞，徽州歙县信行里人。清代四大制墨家之一。成名于清乾隆至嘉庆年间。他刻苦钻研古新制墨精要，博采众长，建"函璞斋"墨肆独立经营，很快便后来居上，可以和曹素功、汪近圣两家并列，成为徽州制墨业之鼎足。他制作的名墨有兰陵氏书画墨、青麟髓墨、新安大好山水墨等。他制的墨，常被一些著名学者和官僚带入京城，成为贡品，所以名气很大。且墨有一种独特的香味，并经常配以黑漆匣。很多文人到他处定做高档墨，如梁同书的"万杵膏"自用墨，阮元的"圆明园图"进呈墨等。现存上海博物馆的十锭套"西湖十景图诗墨"，十二锭套"仿古币氏墨"，特别精致，充分反映了汪节庵所制名墨的艺术性和实用性。

詹云鹏，明末清初著名制墨家。清徽州婺源人，史称其为徽墨婺源派重要成员之一。他在继承和发展婺源派制墨多源于民间生活，反映民间艺术特点的基础上，也借鉴其他流派制墨的技艺，制出不少精品墨。其中，尤以"金盘露墨"最为所著名，载入清张仁熙所著《雪堂墨品》一书中。

詹子云，名应虬，清徽州婺源虹关人。清初徽墨婺源派著名制墨家，史将其与曹素功、方密庵、汪节庵并称。其所制之墨不但在国内有名，且在国外也有很高声望。日本人松井元泰在其所著《古梅园墨谱跋》中称其与当时的曹素功、游元绍齐名，为日本国知道的三大名家。其所制佳墨很多，但传世甚少。今人周绍良先生家中藏有"八宝药墨"。其墨呈长方形，面回纹框，楷书阴识"八宝药墨"，填金；背部镌画云幅，一侧书"乾隆甲子年"，一侧书"詹子云监造"款，全部为楷书字体，甚是精美古朴。

詹方寰，名晃祖。清徽州婺源虹关人。清代早期徽墨婺源派著名制墨家。他集墨工与经商于一体，开墨肆名"世宝斋"。其所制墨讲究烟质精细，传世墨中以"天下文明墨"最为著名。周绍良《清代名墨谈丛》中述："曾见詹方寰'天下文明墨'一笏，约重库平一两，背缕双龙，夭矫云端，龙首尾俱填金，极精美。"

詹成圭，名元生，清乾隆年间徽州婺源墨派著名制墨家。他博采众家之长，制墨讲究新意，追求造型奇特，款识也很别致。曾造御墨进呈乾隆皇帝，是婺源墨派中少有的制御墨的名工，亦曾在苏州设墨肆，所制名墨以"竹燕图"墨最为有名。其墨为一式四笏集锦墨，联为通景，每背均有题诗。

胡开文（实为招牌名），史称一派墨家名，与曹素功、汪近圣、汪节庵并列清代四大制墨家，或称"四大墨王"。其创始人为胡天注（一为柱），字柱臣（一为天注，而名为正），号在丰，徽州绩溪人。他最初为租墨店经营，后来与休宁墨家汪启我女儿结婚，并继而代岳父开店。"胡开文"店名的由来，是由其子胡余德在南京乡试时看到南京贡院明远楼的"天开文运"匾额而受到启发，并建议其父取其中间两字而定名。胡开文墨店自胡天注开始，在制墨技艺及选用原料方面讲求精益求精；而且，在经营方面，注意社会各方面的需要，制作的墨高、中、低档齐备，品种十分齐全，成套、单套皆有，观赏墨、礼品墨、贡墨、自怡墨等，应有尽有，从而适应了社会各阶层的需要，一时成为墨之大宗，很快在全国传播开来，以至于有人传诵，当时的制墨界已是"曹业替而胡业兴"。实际上，清初兴盛起来的曹素功、汪近圣、汪节庵三大家，到胡开文兴旺时，已开始全面衰败，于是就形成了胡氏一家独秀的局面。胡天注以后，其子孙继承其制，不但经营好休宁本店，还在全国如歙县、安庆、南京、上海、杭州、苏州、扬州、镇江、武昌、汉口、长沙、广州等地，创设胡开文分店，成为中国清代中期，以至近现代史上制墨业中的主流。胡开文制作的佳墨很多，主要分成两大类，即零锭墨与集锦墨。在零锭墨方面，著名的佳墨有一骊龙珠、古隃糜、千秋光、万寿图、金壶、乌金等。集锦墨类，多以传统的古墨精仿，例如铭名园墨、棉花图墨、地球墨、麝香墨等。胡开文老店在清末仍在向前发展，并参与国际巴拿马万国赛会，并获得金质奖章。其制墨的特点是"色泽黑润，香味浓郁，抹笔不粘，入纸不洇，不腐金石"。用以写字作画，芳香幽远，历久不散，卷帙封妥，防腐不蛀，还可用于医疗疾病。

程义，字正路，一字耻夫，号雪斋，又号品阳子，清康熙年间徽州歙县槐塘人。清初歙派著名制墨家，也是诗人和画家。他在自己所著的《墨谱》一书中，称自己的制墨是"胶陈杵到，烟远烟匀。按时气，节阴阳，得墨家心法"。著名作家曹雪芹之父曹寅称他："画家遵北苑，墨法秘南唐；二者能兼得，茅斋竟夕香。"他制墨讲究"烟质凝细"，"黝然而清、莹然而润"。所制名墨以"伊洛渊源"、"紫阳易墨"、"悟雪斋墨"等24品为最佳。乾隆《歙县志》把他列入"市斋名世"一类墨家。所著《墨谱》含《悟雪斋墨目》、《墨述》各一篇，《纪略》四则。

吴守默，清代康熙年间徽州歙县著名制墨家，为徽墨歙派成员之一，别号延录斋。他认真总结前人的制墨经验，并刻苦钻研，创制新墨，一丝不苟。由于晚年无子，其精墨传世不多，所存者更显珍贵。清颜衡所著《磨墨亭墨考》说："守墨紫腴墨等十七品，然传世者寥寥可数耳。"其所制墨一般均署"吴守默制"或"延录斋"款。其存世的名墨有黄山松液、兰樵主人、玉堂染翰等，均为丛墨。其中，黄山松液全套八笏为其制所有名墨之冠。该墨图字皆出名家之手，图中"松则磊落轮囷，盘郁夭矫，石则盘陀层迭，皮骨造露。一派写实风格"，字则"楷篆行草，书体各殊，遒劲有姿"；墨质坚硬烟细，苍古有韵，金玉其外，浑朴其中。全套墨放在一漆匣内，匣面隶书漆金"黄山松液"4字，下绘一螭作环卧状；匣内分装8个锦盒，古色古香，极其精美，堪称绝品。

宋荦，号漫堂，一号西陂，又号锦津山人，别署清德堂。河南商丘人，官至吏部尚书。清初著名制墨家和藏墨家。宋荦文才出众，工诗绘画，在当时较有名气。他为官时，对各地特别是对徽墨的制造工艺很有研究，并亲自督造。曾因制墨得到康熙帝的赏识，亲自为其制墨斋手书"清德堂"额赐之。其所制名墨有紫玉光、黄海群芳、清德堂等。其所制之墨多署"纬萧草堂"、"御赐清德堂"等款，其中"黄海群芳"为其代表作。全套墨共20笏，形式各异，皆有题咏。后世所传多为仿制赝品。著有《西陂类稿》、《漫堂墨品》、《锦津山人诗集》等。

吴天章，清初徽州休宁人，是徽墨休宁派的重要成员之一。其制墨特点是，外饰讲究华丽，多妆以金银彩色。他制墨尤其重视墨品式样的变化，突出不同墨品的不同特色，避免雷同，传世墨较多。上海博物馆藏其"漱金家藏墨"一套八笏，甚为精美，每笏墨上图案各一，形状多姿多彩，观之赏心悦目。其一生中以制集锦墨为主。

巴慰祖，字予藉，又字子安，号莲舫、隽堂。清乾隆年间徽州府城人。清中期著名制墨家。从少年时起，他就努力钻研刻印、钟鼎款识、秦汉石刻、隶书书法等，为其发展制墨技艺打下了基础，特别是培养了他制墨的精益求精的作风。人称他"琢砚造墨、穷极精美"。他特别制了一些大墨，例如散氏鬲大圆墨、钱忠懿王金涂塔等，其中散氏鬲大圆墨重一斤多，漆边，面上缩摹鬲篆金文，背面镌刻"散氏鬲"三个字。

方辅，字密庵，号君任，清乾隆、嘉庆年间徽州歙县人，清中期著名制墨家和书法家。由用墨到制墨，深知佳墨之精华。他的书法，史称博采苏、米笔法，得颜真卿神髓，自成一格，著有《隶八分辨》、《集大成解》、《茹古斋稿》等书。他制的墨，磨研至尽，砚上不留一点渣滓，其结实纯净远胜他墨。用他的墨作书绘画，神采浮动，触之似有突出之感。他所制的名墨有开天容、点漆、桐膏、仿喻麋等。有关他的制墨事迹，在清吴蔚光所著的《古金石斋诗集》、鲍借轩所著的《借轩墨存》中均有详细记载。

吴舜华，清代徽墨休宁派著名制墨家。其所制墨一讲精致，二讲造型变化，多为名人定做特型墨，时有"墨吴"之称。他不但以制墨名噪一时，而且又有孝子之誉，清孙厚湘所著的《天真阁集》中有《墨吴诗》序说："墨工吴舜华，以卖墨葬父养母。"其制作的名墨有为清代吴省钦制的"渊云妙契"墨，为清代书法家、金石学家翁方刚制作的"诗镜"墨等。

程一卿，字易田，又字易畴，又名程瑶田，曾以朴学大师称名当世，又在制墨方面取得了很高的成就，是清代乾隆年间著名的"精鉴自怡"类制墨家。清《尺木堂墨品》中称其"族兄易田见古法论没，搜付诸家遗意，参以心裁，绝不珍奇，归于适用。所作大小剂不下数百种，题其面曰一卿氏。海内宝一卿墨者，黄金不啻也"。时人对他所制之墨多有赞誉，清人姚鼐在其《论墨绝句》九首中写道：

> 我爱瑶田善论琴，
> 博闻思复好渊湛。
> 才传墨法五千杵，
> 已失家财十万金。

翁方刚在其诗集中有《程易田以所制礼堂写经墨寄惠，赋此奉谢，兼呈未谷》七古一章：

> 未谷昨寄礼堂图，
> 易田新造礼堂墨。
> 我今复写礼堂诗，
> 三者相因著而黑。

他制作了很多名墨，如大藏写经、金膏水碧、黄山图、狮子、礼部写六经等墨。

程振甲，字音田，号也园，徽州歙县县城人，清乾隆四十九年（1784年）举人，官至吏部考功司主事。清中期著名的古墨收藏家和鉴赏家。其居宅自命为"天官第"，第中一室名"铜鼓斋"，斋中有一堵墙叫"古墨墙"，墙中尽藏古墨。他自己也制墨，墨上镌半截小像。

汪谷，字心农，号琴田，晚号浙江，清乾隆徽州休宁县汪村人。清代徽州著名制墨家、书画家和收藏鉴赏家。深受当地官绅的尊重，与著名书法家王文治、两湖总督毕秋帆、修撰金榜等交谊甚厚。由于他有书画及收藏的基础，所制之墨博采众家之长，且注意艺术性,墨精且佳品甚多。现留下的传世精品有白凤膏、菊香膏、知其白、守其黑、随园叟袁枚制、仓山叟袁枚制、闺秀吟诗之墨等。其制墨一般有"心农氏制"、"乾隆辛亥心农制"等题款。

江德量,字秋史,清徽州歙县著名制墨家。以仿制古墨起家,又精制"再和墨",进而创出自己的佳墨。受父辈精研金石文字的影响,艺术造诣很深。他制造的佳墨有泉刀形墨、牛舌形墨、积古斋打碑墨等。

汪斗山,字滋畹,清代乾隆年间徽墨休宁派制墨家,汪中山之子。他继承了其父的墨肆和全部技艺,并博采众长,制墨求精争奇,于当时名气大盛。其创制的"麝香月"墨被称为乾隆墨中的极品,周绍良《清代名墨丛谈》中,对此墨有详细描述,并有拓片。

汪次候,清代徽州府休宁墨派制墨家。受传统休宁派制墨影响很深,制墨讲究质细墨坚,面式古朴大方,追求粗犷洒脱。存世佳墨不多,以白岳凝烟、漱金家藏墨最精。其中"漱金家藏墨"为当代古墨收藏家周绍良先生收藏,该墨通体云纹,外着金衣,乃稀见之品。

谢松岱,清末江南著名制墨家,"一得阁"墨汁的创始人。谢松岱制墨,源于科场受挫。据载,他在同治年间赴试时,由于使用的墨质较差,颜色灰浅,写出的字迹不清,他只得重新磨墨再写,后因时间不够试卷没有答完而落榜。从此,他立志制造一种不用当场磨墨的墨水来,以便让举子不至于像自己因磨墨费时而名落孙山。开始,他将好的墨块粉碎,加水浸泡化成墨水。他将这些墨水端到科场售卖,很受欢迎。初步的成功,更坚定了他的信心。于是他刻苦钻研传统的制墨配方和工艺,并按照自己的设想,多次进行试验,终于发明了从取烟、配料到合胶等一系列生产墨汁的工艺,并很快为文人及书画界所接受。于是,他正式给自己的作坊取名"一得阁",并亲笔书写于门额,将中国的制墨业推上了一个新的阶段。他的后人继承了他的事业和技艺,使"一得阁"墨汁不断发扬光大,成为中国制墨界的一面旗帜。

3 墨模与墨品

墨模的出现和发展,是中国制墨业发展的结果与重要标志。

墨模的出现始于何时,目前尚无明确记载。仅从奚超一家南迁后,制造出了造型有多种变化的"剑脊龙纹圆饼"墨、"双脊鲤鱼"墨、"乌玉块"墨、"蟠龙弹丸"墨来看,墨模的出现应不会晚于唐末五代时期。

宋代时,墨模的使用已经相当广泛,一些名家制成的名墨造型新颖,名目繁多。

墨模的出现与推广,标志着墨从实用文化品转向文化艺术品。同时,也使墨完成了与社会文化艺术同步发展的结合过程。

墨模从发明那天起,便同当时的书法、绘画——

特别是版画、雕刻艺术紧密结合在一起,而且随着制墨工艺的不断发展,这种结合便愈加深入。宋代著名制墨家潘谷所制的墨模图案,据说为宋代著名画家米芾所画。

明代墨家创造的五彩缤纷的名墨,特别是精美成套装饰的集锦墨,标志着当时墨模的绘画、刻制艺术已经达到了相当成熟的阶段。例如,程君房的墨模,绘画出于当时的著名画家丁云鹏、吴左千、郑重等人之手,其雕镂刻制则由当时徽州著名的雕刻大师黄癞、黄应泰等人完成。方于鲁的墨模,绘画生动,刻工精细,均为明代绝品。方瑞生的墨模,更显出当时绘画、雕刻的极高水平。以上三家编辑的《墨苑》、《墨谱》、《墨海》三部墨型图录,荟萃了三家墨模及当时可收集到的名墨图案的精华,书中图画就是一幅幅精美的版画,纹式精巧,构图生动,线条流畅,细如毫发,突出地反映了明代墨模制造中绘画及雕刻艺术的最高成就。墨模上的构图,是通过刻工的刀法,来表现绘画图案书法笔力的。所以明代书法多遒劲,明墨模的刀法多深厚有力,阳文字锋芒峻利,圭角崭然。

清代制墨出现了四大名家,其墨模制作的水平,也发展到了登峰造极的程度。例如曹素功的"紫玉光",一套共36笏,即按黄山36峰制画,此36峰在墨模上,依各峰的形态,大小形式不一,合起来成为一整幅"黄山图"。极其精美,艺术价值极高。他的"天瑞"墨,全套10笏,由草圣、酒仙、美人等10种墨模组成,整个图式有的偏重写实,有的则意在象征,绘图、镂刻艺术水平都很高超,决非一般墨家所能为之。汪近圣制造的名墨"耕织图"的墨模,是用连环画的形式,描绘了当时粮棉生产和加工的全过程。另一套名墨"新安大好山水",计32笏,也就是32块精美的山水版画,画面生动,雕工精细,可称为绝版。胡开文的名墨"圆明园图"一套64块,为圆明园的64景。为了制成这套墨模,第一代胡开文墨店耗巨资,派专人到京城千方百计地请名家绘得蓝图,并聘请当时最有名的刻工镂刻,费时好几年才得以完成。有的墨模,是经过几个人之手才最后完成的。例如"西湖名胜图"墨模原为汪近圣时创作,初为10景;后来胡开文又在原有的基础上增补为45景。这套墨模由于画图写实、雕镂精细,可与平底小楷题诗的牙雕相媲美。其中"小有天原"墨模长不过2寸,宽仅半寸,题乾隆御诗七行计140余字,反手阳刻,翻模后字上填金,与书写在素纸上效果一样,显得极为高雅精致。因而后人多以此为胡家墨模的代表作。

墨模及墨模制造工艺,是中国制墨史上的重要财富,也是中国民间工艺美术的重要文化遗产。由于历史的变迁,很多精美的墨模已经散失。现安徽省博物馆和安徽省徽州胡开文墨厂还存有一些明清的墨模,仅胡开文墨厂就有700多种、7800多幅墨模。这些墨模为我们考察明清之际徽墨的发展提供了翔实的资料,为我们进一步继承传统的优秀技艺并将之发扬光大奠定了基础。

从现有传下来的墨模中,我们对墨模的制造工艺有了一个初步的了解。

墨模制作的原料大体上有两种,即铜版和木版。一般来讲,明代以铜版为主,清代以木版为主,当然也有例外。铜版质地坚硬,雕出的图案与字体显得极其规整,有"锋棱峻整、坚劲犀利"之感。而木版模则较容易雕刻,可以随意雕出纤细的线条。木版模一般取材于石楠木,也有用棠梨木和杞木的。关于用料的区分,宋代晁贯之在《墨经》中说:"凡底版贵平直,宁大不小,平版上俯下平,宁重不轻……寻常底版用棠,平版用杞,盖底版面印,皆以松为良……"

墨模式样很多,有圆形、方形、长形、斑柱形、六圭形、人形、鸟兽形、钟形、鼎形、爵形、壶形,还有以亭、台、楼、阁原景为形的等。但一般都分为外框和里嵌两部分。平扁形墨模有里嵌六板、边板、横头板各两块。横头板俗称横头,横头为十字形的公榫和边板两端的母榫结合。四板合套,外形底宽于面,中空上下一致。底子为图,印子为文。圆形和异形墨模,一般为四板或两板合成,外面再用框合在一起。

墨模在雕刻技法上分为线刻、浮雕、圆雕等种类。技法要求精细,这是因为墨的尺寸不可能很大,却要表现人物、鸟兽、山水、花卉等图案。有的专门在小小墨锭上刻画出繁杂丰富的图案来,以显示该墨之精绝。如现存六面雕花的"螽斯羽"墨模,其体积长不过二寸,竟刻上了百花百虫、人物、鸟兽等。虽然看上去小如豆粟,但人物的须眉仍然清晰可见,再加上蘸金饰彩,显得特别精致华丽。

雕刻墨模的工序和一般木刻并无太大区别，通常由墨工根据自己的需要设计出墨模的尺寸，再由雕工根据墨模大小形式套在竹纸上的格子里，再由书画家在固定的格子里绘画，也有按照书画家事先做好的书画，缩小临摹的，然后再将原图拓印在墨模板上雕刻。墨模和一般雕刻的最大区别在于：木刻刀口是尖底的，而墨模必须将阴文底刮平，而且要求特别精细，不可疏忽。为此，雕工们特备了各种刻刀200余种。

墨模的刻制和使用，是制墨业发展到一定程度和规模的反映。一个好的墨模，耗资巨大。据载，清代著名制墨家程一卿"才传墨法五千杵，已失家财十万金"，其中大部分钱财都用于制墨模上。

墨模的发明与发展，为佳墨名品的出现创造了可能的条件。墨品，即是墨的品相、品格、品类，代表和反映了墨的等级和名分。墨品的形成是明代制墨业，或者说墨模的使用及发展的产物。自其出现起，便直接为著名制墨家及墨派的形成与不断发展服务。同时，各名家为使自己制造的墨上档次、出名，也要创造出自己独有的墨品。因此，明清之际的墨家，均有自己的墨品，三大墨派，亦有本地方、本墨派的代表性墨品。例如，明代方于鲁就有自己的五大墨品"瑶草"、"大国香"、"太紫重玄"、"非烟"、"九玄三极等"，清代汪近圣的著名墨品有"罗汉赞"、"西湖图诗"、"御用彩珠"等，休宁派常用"休宁八景"、"相乡胜侣"等。墨品常常代表了墨家制墨的等级，不同的墨品价格也不一样，有的相差很悬殊。墨品可以是单锭墨，也可以是集锦墨，但清代以后，则是以集锦墨为主。

所谓集锦墨，就是以带有装饰性或礼品性的著名墨品组合而成的套墨。历史上也曾称之为"瑶画墨"、"豹囊丛墨"。集锦墨可分为三种情况：其一为相同名品的组合；其二为形式与图案各不相同的名品的组合；其三为形式相同而图案不相同的名品的组合。

集锦墨的制作起于明代制墨家汪中山和吴叔大。到清代，各著名墨家几乎都开始了集锦墨的制作，并且越制越精。集锦墨的发展，使中国的制墨工艺得到了全面的进步，并使中国传统的绘画、书法、雕刻、漆器、纺织、镂钿、裱糊、装饰、包装等艺术，在制墨工艺中得到了充分的运用，推动了中国书具文化的全面进步。

据严润生的《墨林史话》中所录清代著名墨家吴守默的"延录斋墨品"和曹素功的"艺粟斋墨品"及乾隆年间的"贡品墨品"，可一览清代墨家、墨品。

延录斋墨品：紫脡、秋水平、玉麟漱金、雯华八种（白香山紫薇、张伯雨墨菊、陈荔溪水仙、杜处士梅、句曲外史莲、吴草芦芍药、坡公牡丹、元遗山菊）、绕紫薇蟠金、补山龙漱金、墨仙六种（漆园叟、安期生、越女、李青莲、张长史、坡仙）、瀛洲图、紫潭云漱金、尚书奏草泥金、苍玉珮八种（夔龙珮、双凤玦、香草玦、文璧、回文玦、瑶草环、双鱼珮、香玉玦）、玉堂染翰八种（螭头记事、儗瀛洲、撰诏诰、玉堂之署、执笔分占、访钟王、视草台、学士院）、黄山松液八种（扰龙松、迎送松、蒲团松、破石松、接引松、卧龙松、盖鹤松、棋枰松）、法古墨、黟山云、天霓十二种（含香、写乌绿、王屋松烟、殿阁横径、洒春霖、翠色冷光、芝泥兰检、飞蛟螭、楚客、半研云、洒落桃花笺、铜雀瓦）。

艺粟斋墨品：喻糜墨、第一墨、瑞庆图、大士像赞、依园图、富贵图、天台十景、西湖十景、霍甘园、新安名胜、列宿图、潇湘八景、九畹芬芳、竹燕图、手卷、紫玉光、天琛、苍龙珠、天瑞、豹囊丛赏、青麟髓、千秋光、笔花岱云、寥天一、薇露浣、非烟、香玉五珏、文露、紫莫、漱金、大国香、兰烟、妙品、极品、万年红。

贡品墨品：汉云天章、名花十友、满幅流云、万年书、静照轩、竹水居、万寿无疆、海鹤添筹、宝翰天章、太平清玩、亿万斯年、西湖十景、三希堂、十二书楼、沙呈绿字、洛贡丹书、墨妙轩、日丽芝英、泰阶升平、天子万年、祥开黉叶、麟文五彩、万年永宝、风采九苞、庆云灿烂、天汉云章、嘉禾合颖、瑞麦双歧、宝翰凝香、万年有道、天行健、光被四表、璧合珠联、万载长春、太平雨露、日月光华、如万斯年、海晏河清、宸翰涎敷、大宇成平、天章云焕、雨露涵濡、功参造化、天保九如、丹霄碧露、尧云广被、文治光华、龙文万载、太平如意、珠联璧合、蟠龙柱、江山雨露新、五色霓、纯粹精、天章焕彩、青琅玕绾、竹楼、绕紫薇、净香园、清寄堂、静澜堂、大观堂、锦春园、江表春畔、今雨堂、五宝。

4 墨的收藏与辨伪

今天看到的最早的关于大规模藏墨的记载是三国的魏国时期。

明代麻三衡所著《墨志》载:"魏武帝铜雀台上,藏石墨十万斤。"西晋的文学家陆云在给其兄陆机的信中也提到:"一日上三台(即冰井台、铜雀台、金雀台),曹公藏石墨数十万斤,云烧此消复可用,然烟中人,不知颇见之不,今送二螺。"

以后,除了书画界名人好用墨、评墨、藏墨之外,有些人也专门藏墨。特别是到了宋代,有些人甚至养成墨癖,对墨产生了一种特别的爱好。宋释德洪所著《石门题跋》中记载,当时有一个叫司马君实的人,平生无所嗜好,唯独爱好藏墨,数量有数百枚之多。有人问他为什么这样做,司马君实说,我想让我的子孙知道此物是干什么用的。实际上司马君实不过是养成了一种藏墨的癖好。明代麻三衡所著《墨志》中记载,当时的台希有一个叫彦行甫的人,平生喜欢藏墨,士大夫们戏称他为墨癫,他喜欢墨却不会用墨来书写,却常常把研磨好了的墨给喝了。苏子瞻说,我一生没有买几双鞋,但有了70枚墨,还到处去求取不知满足。石昌言收藏李廷珪墨,不许人磨用,他开玩笑说,我不磨墨,墨将磨我。

到了明清以后,由于制墨工艺的进步,特别是墨模、墨品的发展,以及专为欣赏、收藏的装饰墨、集锦墨、仿古墨等的发生和发展，极大地推动了古墨收藏的文化品位和艺术价值，从而出现了一批名墨收藏家和鉴赏家。

为顺应古墨收藏的发展，不少古人摸索出一些收藏古墨特有的保护办法。例如，唐代的古墨收藏家许芝，将其所藏之墨放在石匣内贮存，以防止潮湿；宋代的收藏家蔡襄则用豹皮囊来贮存，以防潮。明清的古墨收藏家大部分采用漆匣藏墨，乾嘉以后，又多在漆匣内衬上棉花等。此外，还有一些特殊的方法，如明代曹昭、王佐所著的《新增格古要论》中述："用熟艾和墨收。遇梅月，藏用过石灰中不蒸。佐常用炉灰收最妙。凡墨厚者可以久藏，其薄者不耐风寒，故随研随破，虽久藏不动，亦不耐也。"正因为有了一些专门的收藏方法，才使得我们今天可以见到明代万历年间的精品，虽历经三五百年，仍然光彩依旧，成为国家宝贵的文化财富。

进行墨的鉴定与辨伪，需要掌握收藏古墨的基本知识和技术，以及对墨的历史及其相关知识进行较深入的学习和实践。

(1) 有关墨史发展的书籍和资料。

中国历史上关于墨发展历史的专著始于宋代，至明代发展最快，且成果特别丰富。清以后，经民国至现代，都有不少关于墨的著述。

现存的有关墨史的著述集录最全的，应该说首推吴昌绶1922年编集的《十六家墨说》。书中收录了自宋代起至清止的16篇关于墨的著述。这16篇是：宋代何薳著的《春渚纪墨》，为其《春渚纪闻》的一部分，专记唐、宋时期墨坛掌故；宋代张寿著的《畴斋墨谱》，记唐末五代李廷珪墨品；明代邢侗著的《墨谈》、《墨记》、《程君房墨赞》，皆为《程氏墨苑》中的题词；此外，还有明代焦竑著的《墨苑序》、陶望龄著的《墨杂说》、顾起元著的《潘方凯墨序》、项元汴著的《墨录》、张德谦著的《论墨》；清代曹度著的《说墨》、张仁熙著的《雪堂墨品》、宋荦著的《漫堂墨品》和《续漫堂墨品》、孙炯著的《砚山斋墨谱》、汪绍焻著的《纪墨小言》和《纪墨小言补篇》、邱学敏著的《百十二家墨录》、借轩君士著的《借轩墨存》、徐康著的《瓻叟墨录》等。在这十六家的著述中，尤以《春渚纪墨》、《雪堂墨品》、《漫堂墨品》与《续漫堂墨品》、《砚山斋墨谱》、《纪墨小言》、《借轩墨存》、《瓻叟墨录》等，史料丰富，论言明确，是初学和鉴赏古墨必读的工具书。

此外，还有宋代晁贯之编著的《墨经》，全面记述了宋以前古墨的制作工艺及对于墨质优劣的鉴别方法。

宋代李孝美著的《墨谱法式》及《墨谱》，记述了宋以前，特别是唐代至宋中期等历代墨式及制墨的方法。

元代陆友仁编著的《墨史》，记述了宋以前历代墨家的掌故等。

元代陶宗仪著的《南村辍耕录》30 卷，涉及古玩鉴赏的很多门类，其中记述了宋元以前制墨业发展的历史及墨家发展的情况，为记述古代墨史资料最全的一部书。

明代沈继孙著的《墨法集要》，对造墨的全过程记述清楚，且有 21 图。

明代屠隆著的《纸墨笔砚笺·墨笺》，以及清代的

《曹氏墨林》、《方式墨谱》、《程式墨苑》、《方式墨海》、赵汝珍的《古玩指南》，是研究墨史的重要资料。

现代人尹润生著的《墨林史话》、周绍良著的《清代名墨谈丛》等是关于墨史研究的专著。

（2）多见实物。

所谓多见实物，实际上同收藏与鉴赏其他古玩收藏品一样，可以经多识广，更多地掌握不同时期古墨的不同特点。

（3）熟识认知名家墨品。

墨品是制墨名家的招牌或者商标，它代表和反映了不同墨家的技艺、风格、流派和特点，也记载了名墨发展的历史。明清以后，墨品在名墨的鉴别上起着越来越大的作用。其一，墨品是墨家的代表。在明清以后的名墨中，特别是集锦套墨中，墨上往往只有墨品，而没有墨家的名款。因此，只有熟知墨家的墨品，并根据墨的质地，才可判定是哪一个墨家的作品。其二，一定的墨品反映一定的时代。有很多墨品，特别是著名的墨品，往往是某个时代特定的产物。因此，可以通过墨品判定该墨产生的大致年代。例如，"耕织图"为清康熙三十五年绘图制墨，"棉花图"为清乾隆三十年绘图制墨，等等。其三，墨品反映了墨家的风度和风格，例如，休宁派墨家的墨品以山水风景为主，而歙派墨家的墨品则以神话传说为主。其四，墨品反映了不同墨家所制名墨的等级。例如，明代墨家方于鲁所制名墨的墨品，上等的为"九玄三极"，中等的为"非烟"，下等的为"太紫重玄"。

(4) 鉴别墨的质理与装饰。

中国古墨的质理讲究"丰肌腻理，光泽如漆"，"其坚如玉，其纹如犀"，"十年如石，一点如漆"，"坚而有光，黝（音yǒu）而能润，捺笔不胶，入纸不晕"，"烟细胶新，杵熟蒸匀，色不染手，光可射人"，"金章玉质，尽艺入微"等。意思是说，上好的古墨质理应是非常丰润细腻，有像漆一样的光泽；坚硬像玉，纹理像犀牛角一样；保存10年后仍像石头一样没有变化，使用时用一点仍像漆一样；坚硬而有光泽，黑而细润，捺笔时不粘，落在纸上不会洇纸；用料时选用细烟和新胶，制作时捣杵多遍，熏蒸均匀，墨的颜色不会把手染黑，表面的光泽可以照人；其质地有金和玉的效果，工艺细腻绝伦。各个时代、各个名家的佳墨名品在质理方面是非常讲究的，而且各自的特点均很突出。

鉴别墨的质理，一般包括墨的"本色"、"漆衣"、"漱金"、"漆边"四个部分。

所谓本色是相对成型墨表现出的涂金填彩、绘图等图饰，完全是墨的本来面目。鉴别本色墨的质理优劣，主要是看制墨的基础工艺是否精到。例如，是否合胶适度，选料是否上乘，捣杵是否到家等。上等墨，或者名家的名墨，首先讲究的是墨本身的质理坚莹。否则，墨质松软，不仅不耐用，而且粗糙无光泽。近现代很多伪制的赝品，大都不掌握古代名家制墨的技艺，因此首先是质理劣差。

所谓漆衣就是在墨面加以刮摩。明方于鲁著的《墨谱》中讲漆衣就是"磋以锉，摩以木贼，继以蜡帚，润以漆，袭以香药，其润欲滴，其光可鉴。自刮摩兴，而画绩废，而善墨者竟为刮摩矣"。意思是说，所谓漆衣就是将制好的成墨用木锉将其锉平，用一种称为木贼的木块再轻轻磨，然后用蜡条再磨，最后再薄薄地上一层漆，撒上一些香料，就会产生润腻欲滴、光可照人的效果。自从这种刮摩法兴起以后，往墨上画彩的方法就废止了，做好墨的人大都使用刮磨法。据尹润生研究，可知"漆衣墨凡年代越远，漆皮越显得浑厚，并呈现蛇皮断纹，与古琴绝相似。所说的断纹，并不是裂纹，有纹不裂，隐蕴在漆皮之间，又与古瓷开片相同"（《墨林史话》）。墨的漆衣盛行于明代万历年间，其后清乾隆年间又风行一时。在鉴定墨的漆衣时，以"莹润如玉，质坚如石"者真，反之则是假劣品。

所谓漱金，即是又被称为"雪金"、"漆金"等的一种装饰。此方法在明清两代十分盛行。实际上三种名称之间也有区别，雪金主要是指在墨的所有面上洒上大小金片，其形似雪故名；漆金就是泥金，即是在墨的通体涂金，然后再涂上漆。而漱金一般是带漆边的装饰。这种金色墨由于上漆后变化不大，但一般如受过潮湿或烟熏，其颜色略淡且久远，但大都不会失去新鲜感。此种墨的鉴定，还应从漱金的特色及发展的形式入手。

所谓漆边，就是在墨的图案或漱金后，在墨的边上涂上漆。一般只漆左右侧，或在本色墨上漆两面的边。明代以上下左右侧通漆边为主，清代只漆两面边为多,并且各个名家佳墨的漆边都有自己的风格,比较容易识别。

(5)墨的品类和等级。

在中国古代,由于人们长时间处于封建等级制度的统治下,墨的生产与品类同样受到限制,也由此产生了墨的等级。不同品类、不同等级的墨有着不同的特点。

中国的古墨依据墨家及其造墨对象及用途的不同而大致分为如下品类。

一般门市品:即墨家投放市场公开出售的一般民用品。这类墨社会流动量较大,质量高低不一。一些名家的名墨,质量好,价格也比较高。墨品一般选自文人墨客喜欢之墨品;墨模雕刻力求简整,装潢朴素;有的墨不用墨模,墨品的名称与墨家的字号直接用金蓝色书写(或压印)在墨面上。

贡墨:即进俸给宫廷的墨。这类墨主要为名家的佳墨,质量比较高。贡墨有两种形式,一为封疆大吏或地方官为了得宠君王,而强令或出资在名墨家处定做的贡墨;另一为按时制征贡。前一种贡墨的墨品档次很高,墨模及原料的选用极为严格,一般还要题署进贡者的名款,有的还要署上名墨家的名款。例如郎廷极进呈的"天文垂曜"墨,侧面有一行楷书阳识"漕运总督臣郎廷极恭进"题款;浙江巡抚徐元梦进呈的"太平清玩"墨,就在正图下角印有楷书阴识涂金"臣徐元梦恭进"六字款,侧面则有楷书阳识"康熙乙未年臣曹定远谨制"十一字款。历史上称前一种题款为臣字款贡墨,后者为双臣字款贡墨。

御墨：即宫廷内设专门官吏督造的专供皇帝用的墨。御墨的制作也有两种形式，一为宫中设主管墨务的官僚和墨工，仿照徽墨名家技法制作的墨，史称为"墨作所制御墨"；另一种是皇宫中出墨品，由徽州名墨家呈制的御墨。前一种自唐代已开始，清代隶属内务府御书处。其所制之墨原料上乘，但技法陈旧，没有创新，因此无论从墨质还是从外表装饰看都不是很精，只显华丽而无艺术光彩。后一种御墨则是墨中的精品，不仅墨质胶烟适重，光泽焕发，而且装饰上也充分显示了当代最高的艺术水平。今日所见的乾隆御墨中的"春华秋实"、"兰亭高会"、"乐寿堂"等都是徽州墨家制造的上等御墨。值得注意的是，据史家传说，凡署乾隆丁巳与辛卯年款的御墨，全部为"再和墨"。虽史料不多，但应引起藏家注意。

自制墨：所谓自制墨是指那些由著名的文人书家，或者名官显贵出资、出名，然后由著名墨工制造的名人墨。自制墨始于东魏的韦诞（仲将）。此类墨一般除署监制者名款外，也署墨工款，但有相当多的人不署墨工款，于是造成了一些误解。这种墨的文人气、风格与人的风度感较强，原料、工艺、图案、形式、墨品均档次很高，历来为各代收藏家、书画家喜爱。

珍玩品：即所谓不可实用，只供欣赏珍玩的墨艺术品。这种墨的特点是形体小巧，用料上乘，雕刻精细，不堪研磨。其价值较高。

礼品墨：即主要为送礼用的墨。其特点是装饰性强于实用性。这类墨有三种形式，即"寿礼墨"、"婚礼墨"、"学礼墨"。三种形式的礼品墨区别在墨品上，一般都是些吉语，如寿礼墨的"八仙人"、"寿屏"墨等；婚礼墨的"凤九雏"、"龙九子"、"百子图"；学礼墨的"手卷墨"等。这种墨，一般都有匣套，装潢甚精美。

药墨：即主要为配药所制的墨。一般情况下药墨只署墨家的名款，有的也署药店的名款。此种墨只选松烟为原料。

(6) 佳墨的重量与声音。

墨的重量与声音是检查古代佳墨的条件与方法之一。一般的好墨，由于原料上乘，制作精细，显得比实际重量要重，敲击声音清脆。而墨制造的年代越久远，由于胶性渐退，则越显体轻。同时，松烟墨比其他油烟墨显轻。

(7) 伪品与仿品。

中国名墨的伪造和仿制始自清初。主要是由于商品经济的发展，一些名墨的价格较一般墨的价格高出几十倍、上百倍。因此，有些人为了牟利，专门制造仿冒品。仿制品则是敬仰前人制作的佳品，特别是明代几大家的著名墨品。仿制者主要不是想骗人，而是为了宣扬自己，特别是显示自己的造墨技艺。伪品一般质差样粗，原料有的根本不是烟料，声音喑哑，体轻呈灰白色，墨上的图案更是粗糙不清，墨粗几乎不能研用等。伪品多仿冒明代墨家方于鲁与程君房的名款，近人也有仿曹素功的。还有一种伪品根本不是墨，而是类似炭晶石一类的石块，磨成墨形，直接雕刻名款、印章、墨名、年款或简单图案。

仿制品有的只标明年款（原真品年款），有的标原墨家名款，而不标仿制者名款，有的则标明某墨家仿明代某墨家。此类墨的原料及工艺皆很精到。近代，有的人为了图利，将仿制品充真品上市，有的甚至挖去清代墨家的仿制名款及年款，再用蜡打平，并在蜡处镌刻明代名章或年款以欺世。

当然，由于墨的制造工艺本身的局限，例如墨模可以多次或跨代使用，有的墨家制墨不署年款、名款，且一传数代，故不太好区分鉴别其年代，此点应引起收藏者的注意。

三 纸

纸从无到有

（1）先秦及秦汉时期。

"文房四宝"之一的纸，从一种普通的实用之物到文人书房中的宝物，与古代文人的书卷气生活密切相关。在纸出现以前，中国最早的文字载体是甲骨，然后发展到青铜器和石头。由于甲骨得之不易，青铜铭刻极为繁琐，刻石又异常艰辛，因而均不是一种理想的书写材料。人们在实践中逐渐发现可利用竹片和木片书写，即所谓的"简牍"。

此时的书写材料，除普遍使用的竹木之外，还有一种以蚕茧丝制作的丝织品——帛。《墨子》中有"书之竹帛，传遗后世子孙"的记载；《吕氏春秋》中亦有"书之竹帛，传遗后世子孙，故使庄王功绩著于竹帛，传乎后世"的说法。这些史料证明在春秋战国时，帛与竹都成了书写材料。但因帛价格昂贵，故没能取代竹木简，反而同竹木简一起逐渐被纸所代替。

中国在西汉时已发明了造纸术，并成为中国古代的四大发明之一。古代人用蚕丝纤维所造成的书写材料，是中国古人所记载的最早的纸，它和古埃及的"莎草纸"和古墨西哥的"阿玛特纸"一起被誉为世界三大古纸。

尽管西汉时中国已有了一定水准的造纸术，并开启了中国及世界上利用植物造纸的先河，但在当时尚未被作为书写材料，截至目前已发现的西汉纸，也都未见有墨迹。其原因主要是纸质粗糙、做工简陋、纤维松散不均，故在其发明后相当长的一段时期，仍难以代替竹木、缣帛。在东汉献帝时（公元189年起），造纸能手左伯对以前的造纸术又进行了广泛改良，造出了质量较高的纸。

（2）三国两晋南北朝时期。

魏晋时期，尽管贵族阶层仍流行着"贵素贱纸"的风气，但用纸著书、抄书的事例却越来越多。晋以后的造纸技术和设备有了显著改善，纸的品种也日益繁多。

晋时，适用最广且深受书家喜爱的首推麻纸。麻纸的原料仍以造纸初期所用的烂渔网、破布为主。因麻纸原料易得，制作简单，质优价廉，被广泛用作书写材料。

为了延长纸的寿命并防虫蛀，人们对麻纸进行了再加工。其方法是将黄檗（也称黄柏）捣烂熬取汁液，浸染纸张。东晋桓玄下令以黄纸代简，即指这种染色纸。由于政府的提倡，纸很快成为当时的主要书写材料。

南北朝时期，纸已成为通行的书写材料，且在市场上广为流通。纸除了被广泛用于书写绘画外，还被用来"拓书"。梁武帝萧衍酷嗜书画典籍，尤其欣赏右军遗迹。梁武帝为得右军遗书，令殷铁石拓一千字，每字一纸。从此，书帖形式广泛流传。

（3）隋唐五代时期。

此期为中国封建社会政治、经济、文化发展的一个高峰，造纸业也同样繁荣昌盛。如隋朝产于四川双流的"双流纸"即以质优价廉而出名。

隋时盛行经书翻译和抄写之风，甚至连皇帝也亲自抄写，纸的使用量十分惊人。1900年在甘肃敦煌莫高窟的藏经洞里共发现3万余卷藏书及其他古画文书等，其中不少为隋朝的手写本，这些纸张经千年而不腐，足以证实当时高超的造纸技术。

唐朝也是中国书画艺术和宗教艺术发展的高峰时期，佳纸、妙纸也自然是书画家进行书画创作的必备工具。随之对纸的质量也有了新的要求，唐代出现一种名为"硬黄"的纸，即当时一种颇为名贵的纸品。这种纸不仅防虫、防湿，而且又莹滑艳美，是法帖墨迹响拓双钩的理想用纸，也极适于抄写佛经。

今天我们仍能有幸目睹的秘阁所藏二王法书，多是用硬黄纸写成的。

唐代除以上用各种植物韧皮为原料制作的纸张外，用青檀树皮制作的宣纸也崭露头角，并逐渐成为中国书画艺术的专用纸张。宣纸在中国书画及文房四宝发展史上占有特殊地位。

五代纷乱，文化中落，但造纸术并没有中断。当时不仅造纸工艺水平高，出现了为"一时之甲"的澄心堂纸，而且纸品及其产量也均很丰富。纸除满足书写需要之外，还广泛用于当时的雕版印刷业。

(4) 宋、元时期。

这是中国造纸业的鼎盛时期。宋代，纸的产量普遍提高，造纸技术也有了显著发展，纸质一般达到了轻软、薄韧的水平。宋书法家米芾自称"平生写过麻笺十万"亦可想象当时纸张生产的繁盛。

北宋时，因在纸内外皆以蜡涂之，亦称"蜡黄经纸"。此纸颇为名贵，为世人所重。

两宋时期造纸业一直处于探索发展阶段，除上所述之外，各地还有一些特色纸。如蜀地生产的一种"布头纸"，以机余布头为原料加工而成；福建建阳生产的一种椒纸，纸薄而坚韧，色泽悦目，且经久耐用，颇受书坊欢迎。宋朝还创制了以废纸为原料的再生纸，也称为"还魂纸"。这种纸不仅省时、省料，而且可以化废为宝。

自宋末开始，由于皮纸的润墨性比竹纸好，故逐渐受到书画家们的偏爱。

元代在江西生产的一种"白箓纸"曾名扬一时。

(5) 明清时期。

明清时期，贡纸以竹纸居多，皮纸次之。纸无论在质量上还是在数量上都有很大的发展，据《江西省大志》载，江西所造的"连七"、"观音"、"奏本纸"和"榜纸"都非常有名。

竹纸在明时已被大量生产和广泛应用。宋应星在《天工开物·杀青》篇中对造竹纸的程序、经验等作了系统的总结和详细说明，又有力地促进了竹纸的生产。

明代纸张的大量生产，为大规模书籍印制创造了必要条件，故明代官刻和私刻书籍的品种和数量都大大超过前代。

明代丰富的名品佳纸也为众多的嗜爱书画碑帖之人提供了可心的纸张材料。拓帖之纸或黄或白，拓墨或浓或淡，虽不如宋拓阅之惊心动魄，但也足以爽人胸怀。

明代及明代以前的各种佳纸，现已很难见到，但却有缘见到清代仿制的历代名纸。

清代竹纸的产量有增无减，所生产的竹纸以毛边纸、圆边纸为多。还有一种竹纸加工纸，制造方法是在竹纸上加上一种姜黄，使纸表面呈黄色，故也称"黄表纸"。因此纸多为科举赐进士张榜之用，故又称"黄甲"、"金榜"，所以中进士也称"金榜题名"。

清代前期，质优名盛的佳纸极受欢迎，故也大量生产，为当时的书画碑帖和印书业的繁荣创造了客观条件。清康熙年间曾网罗天下文人学士撰纂图书。《四库全书》、《古今图书集成》、《康熙字典》、《二十四史》等鸿篇巨制，均有赖于足量优质的纸张。清朝繁华的书市，广为发展的私人藏书楼，也可从一个侧面反映清代纸张生产之盛。

1840年鸦片战争以后，西洋机制纸和西方的洋枪洋炮一并闯进中国，使国产纸遭到毁灭性打击，造纸业出现了衰败的景象，盛产宣纸的宣城、郎溪、广德等地的宣纸生产相继停产，书籍印刷也逐渐冷落。但由于宣纸与中国书画的紧密联系，其"纸性纯熟细腻，水墨落纸，如雨入沙，一直到底，不纵横浸渗"，绝不是纤维受损太过且寿命不长的机制纸所能取代的，因此宣纸仍能继续保持其昔日的光彩。1915年，宣纸在巴拿马国际博览会上荣获金质奖章。一直到今天，宣纸这一中国传统的手工纸，仍是文人须臾不离的书画材料之一，是其他机制纸所难以取代的。

中国书画用纸——宣纸

宣纸的产地在安徽宣城诸地，此地在唐时属宣州管辖。

在宣纸的故乡流传着这样一个传说：蔡伦的徒弟孔丹在皖南以造纸为业，他一直想制造一种特别理想的白纸用来为师傅画像修谱，以表敬仰怀念之情。但经过多次试验，结果并不理想。一次，他在山里偶然看到有些檀树倒在山涧旁边，天长日久，树皮已被水浸泡得腐烂发白，可纤维尚缕缕成丝，于是他联想到可以用这种树皮造纸。后经过反复试验，终于用青檀树皮制成了洁白的宣纸。

关于宣纸的起始年代，历来有不同的看法。有人根据唐代张彦远《历代名画记》上的记载"好事家置宣纸百幅，用法腊之，以备摹写"，认为宣纸在唐代就已经问世了。但也有人认为，这里提到的宣纸，泛指当时宣州一带所生产的一般性用纸，而非指以青檀树皮为主要原料的宣纸。如果宣纸是指在宣州地区生产的纸,那么这种宣纸的确在唐代就已出现了;如果专指以青檀树皮为主要原料所制造的纸,则大约在宋末之初才开始在宣州出现。

宣纸有生宣、熟宣之分。生宣的润墨性能好,多用来作山水、人物等写意画和书法。用生宣加胶矾处理后的称熟宣,也叫素宣。熟宣纸不洇墨,宜作工笔画。宣州纸在盛唐时已充作贡物,然而在古籍记载中并不多见,这是因为古代多爱用经过加工的宣纸的缘故。自晋唐至明代,当时的书画用纸大都是加工纸,如唐人书写用的加工黄纸就有染黄和硬黄之分。当时的宣纸也是要经过加工才使用的。当时的官民作坊对纸张的加工技术颇为讲究,如砑光、染色、饰金、砑花等制作工艺不断出现,致使纸的花色品种层出不穷,以本色而名垂后世的宣纸反而名不见经传了。

唐时的宣纸是以楮树为原料的。

唐代出现的宣州地区造纸业,在五代十国期间有了更大的发展。除宣州外,还有徽州(今歙县)和池州(今贵池)也以制纸闻名。这两州都与宣州紧邻,徽州在南面,池州在西面,池州还一度是宣州的一部分。南唐后主李煜好书法,曾命人在池州监造纸张,号"澄心堂纸"(澄心堂原为李昇所居之地,后将纸收藏于该处)。这种纸细薄光润,坚洁如玉,冠于一时。当时许多书画家都喜用澄心堂纸。与荆浩、关仝、释巨然合称四大家的董源,是深得南唐后主宠爱的大画家,当时已做了"宫苑使",经常出入"澄心堂",也自然易得此佳纸。其短卷直幅,如《庐山图》、《夏山林木图》及《溪山风雨图》等，都是用澄心堂纸绘制的精品。千百年来，"绘画作品用绢者日少，用宣纸者日多"，或许就是从此时开始的。

南唐覆亡，澄心堂纸流传至宋，当时一些文人、书画家均视此为珍宝，竞相称颂。刘敞从宫中得到百枚澄心堂纸后即赋诗志喜。后来他将此纸分赠给欧阳修一同享用。欧得到此纸时惊叹不已。欧阳修又将该纸转赠两枚给梅尧臣，梅又惊又喜，随即作诗两首。其中一首名为《永叔（指欧阳修）寄澄心堂纸二幅》，真实地再现出得此佳纸时的喜悦心情。北宋著名画家李公麟也喜用澄心堂纸作画；被誉为中国法帖之祖的《淳化阁帖》，其初拓本也是用澄心堂纸和李廷珪墨拓制而成的；宋版《汉书》也曾使用澄心堂纸。

由于"澄心堂纸"名誉较高且备受文人墨客喜爱，仿造澄心堂纸便应运而生。据说宋时的制墨家潘谷在歙州仿造其纸，世称宋仿澄心堂纸。然而这种后仿纸远不如古纸精光厚密。另有一种行间多种界格线的仿澄心堂纸，被称为"乌丝栏纸"，为书家所喜好。

宋代宣州还生产藏经纸。宣州府泾县也生产金榜、画心、潞王、白鹿、春帘等纸；歙州有碧云春树笺、龙凤印边三色内纸、印金团花以及各色金花笺等。此外池州、休宁、绩溪等地也产纸。上述纸在历史上统称江东纸。江东纸的大量生产，与宋时书画艺术的繁荣和宋时文人的情趣密不可分。当时的江东纸不仅产量大，行销也广。

徽纸和池纸在唐宋时与宣纸鼎足而立，但从宋末起，三地的造纸技术逐渐交流汇合，其中心终于转移并集中到了宣州的泾县。人们谈到早期宣纸时，也多将徽纸和池纸包含在内。

据《泾川小岭曹氏族谱》记载，宋代末年，有一个名叫曹大三的人为避战乱携家从南陵的虬川迁居到泾县的小岭山区，因少耕地，遂以造纸为生计。他融合宣、池、徽三州造纸技术之长，并不断发展，代代传授，直到现在泾县的造纸工人中，绝大多数还是曹氏的后代。

泾县一带的自然环境对于造纸来说具有得天独厚的条件。这里丘陵起伏，气候温暖，适宜于青檀树的生长，山中有清澈的泉水，山坡又为摊晒造纸原料提供了良好的场所。在这种独特的自然条件中所生产的纸渐渐为文人、书画家所推崇。进入明代，宣州的造纸业已位居全国之首。吴景旭在《历代诗话》中谈道："宣纸至薄能坚，至厚能腻，笺色古光，文藻精细"，其优点是其他纸所望尘莫及的，故在明代，宣纸已名震艺林，为文人所推崇。不少好事者仰慕搜求，囤积居奇，一时出现了宣纸奇缺的现象，致使宣州一带的造纸作坊如雨后春笋般应运而生，使宣纸生产进入了兴旺时期。

由于明代安徽地区，特别是皖南地区刻书业、制墨业的蓬勃发展以及新安商人的广泛活动，宣纸业不仅在全国造纸业中居于首要地位，而且其品种也日益丰富。除了以孔丹之名而命名的"四尺丹"外，明初还创造了一种"丈六宣"，一直传到清雍正年间，清乾嘉时代著名画家金冬心的《冬心画竹题记》中也有关于"宣德丈六名纸"的记载，是艺林公认的文房珍品。此外尚有一种丈二匹纸，除供书画外，还可作为发榜用纸。另如仿宋藏经笺纸、花格白鹿笺、蜡砑五色笺、松花笺、月白笺、罗纹笺等,均是书画家梦寐以求的对象。宣纸以其本来面目而显于世,也正是在这一时期。

明代宣纸以100%的檀皮浆纤维制成。清代以来,由于社会对宣纸的需求量加大,而青檀皮的原料有限,于是在制造宣纸时开始加入一定数量的稻草皮,因而有了全皮、半皮、七皮三草等的区分,但仍以皖南泾县等地所产的以青檀皮为主要原料的手工纸为正宗。

清代全国造纸业和前朝比较起来进步不大,但皖南地区的宣纸工业却呈现出一派兴旺景象。其原因有二:其一是朝野上下均以善书画和富收藏为风气。当时画家辈出,派别林立,作品数量更达惊人的程度。其二是刻书业的兴旺发达,如泾县赵绍祖刻45种《泾川丛书》,六安晁氏排印807卷《学海汇编》等皇皇巨制。再如《水浒全传》、《聊斋志异》、《红楼梦》等旧小说均在清代由徽商大量印行。由于当地"剞劂之精",而且非常讲究纸的质量,遂促使宣纸向更高水平发展。

清康熙四十八年(1709年)进士储在文宦游泾县,为当地造纸业的繁荣景象所感染,遂作《罗纹纸赋》以讴歌:

> 泾素群推,种难悉指……匡地杵声,响入宣曹之里。精选则层岩似瀑,汇徵则孤村如市。度来白鹿,尺齐十一以同归;贡去黄龙,篚实万千而莫拟。

意思是说，大家都推泾县产的纸为最好，但很难一一列举其种类。这里到处是造纸的杵倒声。所造的纸精选时像瀑布飞降，购买时，偏僻的小村庄也像大集市一样；前来选纸的学子都想多买一些带回；进贡到都城，送去万千张也供不应求。

清代编修的《宣城县志》称："纸在宣（城）、宁（国）、泾（县）、太（平）皆能制造，故名宣纸，以檀皮为之。"可见清初生产宣纸的地方不局限于泾县，而是多达十个县以上。这些县"僻处山丛，地狭田少，计岁入不足供三月之食"，故造纸遂成为许多人家的谋生之道。

清代前中期，宣纸制造业取得了辉煌的成就。清朝的书画艺术在明代基础上更有所发展，故对宣纸的发展提出了更高的要求。特别是乾隆皇帝弘历善书法，好游历，各地官府常备好纸供御呈之用。据清嘉庆十一年（1806年）修订的《泾县志》说：纸有"金榜、路王（露皇）、白鹿、画心（亦名澄心堂）、罗纹、卷帘、连四、公单、学书、伞纸，皆皮为之"。

清代宣纸的名称也有了变化，如称之为开化纸、罗纹纸、雪浪纸等，其可分为棉料、净料、皮料三大类，有单宣、夹贡宣、罗纹宣等二十几种，此外还有多种多样的加工复制品，如各种颜色的虎皮宣、珊瑚宣、玉版宣、冰琅宣、云母宣、泥金宣、蝉翼宣等，名目繁多，各具特色。其中有些纸名相延成习，长盛不衰。

清康熙、乾隆时期是宣纸发展史上的黄金时期。

宣纸制造除手工作坊外，还有官办造纸厂，也有个人造宣纸的突出代表。泾县东乡泥坑汪六吉造出一种最薄的纸，名为"净皮"，又名"小切"，也称"六吉宣"或"汪六吉纸"，即是泾县所产宣纸中的珍品，这种"汪六吉纸"一直到嘉庆时还处于盛世。此后，泾县各造纸厂所生产的宣纸半成品，均称"毛六吉"，在宣纸发展史上占有一定地位。或由于环境变迁，或由于原料用罄，造纸中心后由黟县、歙县、绩溪而集中至泾县北乡赤滩、曹溪、乌溪及西乡小岭等地。据传宣城的西乡犹留有造纸残迹。清代诗人赵廷挥曾作诗描述纸乡造纸之场景：

山里人家底事忙，纷纷运石垒新墙。
沿溪纸碓无停息，一片春声撼夕阳。

纵观明清两代的宣纸发展，有两个特点：其一是宣纸的造纸原料从单一青檀皮过渡到用皮、草两种原料。唐宋时期，古人常将楮、檀、桑树混为一谈，至明代才确认青檀是造宣纸的最好原料，开始大量采用生产。其二是宣纸的制造工艺有明显提高，掌握了抄造大幅面宣纸的工艺技巧。明清以前，画家欲绘大幅作品，需将多片小张宣纸黏接起来使用。而明清时期，宣纸捞纸操作，由一两人发展到十几人共同抬帘捞纸，就有条件抄大幅面宣纸了。清嘉庆进士姚之元在《竹叶亭杂记》中说："（友人）言其家旧藏宣纸若干卷，约高八尺，苦无长箧贮之。"然而还有比此更大的，如丈二匹的称"白鹿宣",丈六匹的称"露皇宣"。这两种宣纸面积太大,制作困难,故较罕见。特别是"露皇宣",在抄造时需要30多个人密切配合,同时抬帘,其中任何一人动作稍有快慢,抄出来的纸就会产生局部的厚薄不匀。经过近千年的代代沿袭发展,造纸工人在宣纸生产中积累了丰富的经验。严格选料、精细加工,在各道程序上一丝不苟、精益求精,从而保证了宣纸的优良质量和独特韵味,不仅赢得了中国文人和书画家的公认和欣赏,而且取得了国际声誉。国外学者有"印版画,以中国宣纸最佳"的评价。清代嘉庆年间,伦敦市场上用宣纸制作的纸花,一束价值70基尼,相当于半两黄金。1908年,在上海举行了全国文具纸张用品评比大会,经评选后宣纸名列第一。19世纪,泾县宣纸作为中国出口物产之一,参加了巴拿马国际博览会,荣获金质奖章,从此蜚名海内外。

中国宣纸的发展已有千余年的历史。宣纸的制造几经起浮沉落早已取得举世公认的成就。然而在这长期发展中,宣纸生产技艺却是通过师徒关系口传心授,子孙相袭,而且宣纸工人文化水平低,以致古代宣纸生产的宝贵经验一直没能得到系统的整理,直到20世纪20年代,安徽泾县人胡韫玉著有《朴学斋丛刊》一卷,书末附有《宣纸说》一篇,是目前所知较早的介绍古代宣纸的专文。该文言简意赅,翔实可信,对了解清以前安徽地区生产宣纸的概况具有其重要的文献价值,特附录于后:

泾县古属宣州,产纸甲于全国,世谓之宣纸。

近自国内，远至东瀛（音 yíng），无不珍视，以为书画佳品。宣纸每年之输出者，价约百余万元，区区之数，诚不足多。然以一县之制，独重艺林，举世无出其右，或亦足以自豪。惜工人不解笔墨，士子未知记载，致使佳纸难见重于世，无有能说其原委者。余窃不自揆（音 kuí），略记如下，然亦不能详也。

胡侍珍珠船云：永徽中，宣州僧欲写《华严经》，先以沉香种楮树，取以造纸，当是制造宣纸之始。宣城、宁国、泾县、太平皆能制造，故名宣纸。而泾县所制尤工（见《宛陵郡志》）。今则宣纸惟产于泾县，故又名泾县纸（周嘉胄《装潢志》云：纸选泾县连四，或单供，或竹料。又，文震亨《长物志》云：吴中漉金笺，松江潭笺，俱不耐久，泾县连四最佳）。泾县产纸之区，惟枫坑及大小岭，与漕溪之泥坑。业纸之工，曹、翟二姓为多，非泾地皆产纸，泾人皆能为纸也。纸之种类，据县志所载，有金榜、潞王、白鹿、画心、罗纹、卷帘、公单、学书、伞纸、千张、火纸，下包、高帘衣诸名。千张、火纸，以竹为之；下包、高帘，以草为之，皆非上品，不足论已。伞纸非文人之用，卷帘、连四、公单、学书，不入书画之选。纸之佳者，厥为金榜、潞王、白鹿、画心、罗纹。罗纹近不常制。今纸统名画心，画心本澄心堂遗法宜书宜画，为艺苑之珍宝，其长短有丈二尺、八尺、六尺、四尺之别，其厚薄有单层、双层、三层之异，其用料也有全皮、半皮、七皮三草之不同。纸之制造，首在于料。料用楮皮或檀皮，必生于山石崎岖倾仄（音zè）之间者，方为佳料。冬腊之际，居人斫（音zhuó）其树之四枝，断而蒸之，脱其皮，漂以溪水，和以石炭。自十余日至二十余日不等，皮质溶解，取出以碓舂（音chōng）之。碓激以水，其轮自转，人伺其旁。俟其融再舂，凡三四次。去渣存液，取藤汁冲之，入槽搅匀，用细竹帘两人共舁（音yú）捞之。一捞单层，再捞双层，三捞三层，叠至丈许而榨之。榨干，粘于火墙，随熨随揭，承之于风日之处，而纸成矣。

宣纸的加工工艺和特色

中国传统宣纸制造过程极为繁复，生产周期也很长。从剥取青檀皮到做成成品，一般要经过18道工序，上百道操作，全过程约需300天才能完成。18道工序是：榨皮、榨草，择皮、择草，打皮，舂草，切料，做料，漂洗，袋滤，缸漂，捣槽，捞贴，榨贴，晒贴，烤贴，浇贴，焙贴，验看、剪折，榨捆成件。宣纸的主要原料是青檀树皮和沙田稻草。檀树是榆科落叶乔木，分黄檀、紫檀和青檀三种，是中国的特产。青檀似楮，也似桑，三者均可用于造纸，前人经常将其混为一谈。青檀树多野生于造纸地附近的山间，高丈余，多枝。砍枝时间以每年初冬最好。从青檀树上砍下枝条叫伐条。砍完枝条后，需将其放在火灶上蒸煮一次，然后再泡到清水里一段时间，捞起剥皮，将皮晾干，扎捆备用。草料可选用高秆的沙田稻草，备料时需剔去草叶，打碎草节。然后将稻草灰沤、洗涤、脱灰、碱煮、日光漂白等，使之成为松散的草料。前后需用半年以上的时间。檀条也需灰沤、碱煮，以除掉檀皮中的杂质，同时也可使其洁白而纯柔。将煮洗过的檀皮撕成小条、小束，平铺在向阳的石坡上，经过日晒雨淋，反复摊开，直到纤维变白为止，遂成为皮料（也称檀皮浆）。

在造宣纸的诸多工序中，水是不可缺少的，诸如纸料的沤制、蒸煮、漂洗、打浆和捞纸等，无一不需要借助水的作用。从宋末起，泾县十三坑能造出世代传颂不绝的佳纸，一个不可忽视的重要因素是这里有终年不绝的山泉。泾县曹恒源纸厂20世纪30年代的《说明书》写道："导溪置碓，藉水力以研料；傍山汲瀑，就飞泉而造纸；活流淘漂，石滩露炼。"元代傅若金也曾在其诗中写道："新安江水清见底，水边作纸明于水。"可见"清泉"、"山泉"、"飞泉"乃至"冬泉"在造佳纸中的重要性。北宋徽州地区所生产的一种仿澄心堂纸，也称"敲冰纸"，就是用冬水抄造的。

接着是洗料、选料、切料、打浆、抄纸、烤贴、整理等工序。皮料和草料用石碾、捣碓分别打浆，按需要配料，再加些植物胶，用手工竹帘抄成湿纸页，再送入火房中烘干。由于采用天然的日光漂白，不用强酸、强碱，所以纤维的损伤少，强度高。也由于打浆是用石臼舂捣，不像机械打浆那样用刀把纤维切得很短，故保持了纤维的长度，由此保证了宣纸的柔韧性。正由于宣纸纤维柔韧，交织紧密，故不易起皱、掉毛，也适宜卷舒收藏；由于宣纸中含有非纤维素杂质少，纸呈中性或碱性，故纸面色泽能经久不变，宣纸制作讲求水清料纯，质地纯净，可久藏不坏，故宣纸被冠以"纸寿千年"的美誉。一般纸张放置十几年或几十年以上，就会出现变黄、变脆的情况，宣纸则不然，历经几百年后，仍总呈淡玉色，即所谓清亮色。由于宣纸以檀皮纤维为主，偏爱竹子纤维的蠹鱼等书虫对此兴趣不大，故宣纸不易被虫蛀。

据制造宣纸的老工人说：原料越陈越好，皮料越多越好，做活越细越好。其中皮料以多少为度，也有个讲究。明永乐年间的宣纸为百分之百的皮料，纸质厚实强韧，润墨性好，只是纸面的白度不够理想。在稍后的宣纸制造中，除用青檀树皮外，还加入了当地所产的沙田稻草为辅助原料。这种稻草秆矮，纤维细而柔软，加工以后洁白如棉，故称"棉料"。用皮料和棉料比例适当而造出的纸，洁白柔韧，宜于书画。

宣纸除具备柔韧性强、白度高和寿命久的特点外，它在文房四宝中的突出地位还取决于它的润墨性特点。

宣纸从其诞生时起就和中国书画紧密地结合在一起。中国书画用纸，一忌"滞"，二忌"滑"。太滞则"推笔不行"，太滑则"着笔如马行冰上，虽有骐骥之足"，亦"不能恣意腾骧"。宣纸正好滑涩适度。

宣纸同绢一样有生、熟之分。早期画家爱用生绢作画，后为求美观而改用熟绢。早期用宣纸作书画时，为了不致走墨或晕染，使用砑光、拖浆、填粉、加蜡或施胶矾的方法把生纸改为熟纸。这种经过加工的熟宣，"画之不能尽其意，藏之不能传诸久"，故至明清时期，随着水墨写意画的大兴，多数画家已倾向用生宣，尤其是陈生宣了。因为"生纸渍水渗化，熟纸不渍水不渗水"，故熟纸适于作细描细写、色泽明丽的工笔画，生宣因其特有的润墨性，尤其能体现云烟空濛缥缈的气韵。

当墨汁接触宣纸纸面的时候，随着笔力轻重、技法不同和沾墨量的多少，着墨面积呈圆形化开且有层次感，表现出水墨淋漓的效果。其浓墨处乌黑发亮，淡墨处浅而不灰，积墨处笔笔分明，具有浓中有淡、淡中有浓的韵润感，这就是画家在熟练地掌握宣纸和笔墨特性后所讲求的"水晕墨章"。在小说《红楼梦》第42回里，宝玉在议论画大观园的情景时说："家里有雪浪纸，又大又托墨"；宝钗补充道："……那雪浪纸，写字，画写意画儿，或是会山水的画南宗山水，托墨，禁得皴梁……"雪浪纸就是一种宣纸，托墨即指宣纸的润墨性。

宣纸在长期发展中形成了鲜明的特色，如质滑、发墨色，宜笔锋、卷舒不渝。在中国书画界和收藏界，宣纸一直以质地柔韧、洁白平滑、细腻匀整、久不变色、不腐难蛀而著称，成为纸中之王。

宣纸是一个统称，一般多指生宣纸。在宣纸的发展中，渐渐形成了一个繁杂的家族。如根据配料不同，宣纸可分为绵料、净皮、特净皮三大类；按厚薄不同可分为单宣、夹宣、二层贡、三层贡等；按尺寸不同，有四尺宣、五尺宣、六尺宣、八尺宣、丈二宣、丈六宣等；复制的加工宣也即熟宣有蝉衣宣、玉版宣、云母宣、虎皮宣、珊瑚宣、冰琅宣、泥金宣、冷金宣等，共计几十个品种；就宣纸的颜色又可分为煮硾、玉版、虎皮、槟榔、珊瑚、蟾衣、云母、豆腐、泥金等。就其中某一类而言，各有讲头。如四尺宣指四尺长二尺宽，其中又包括四尺贡宣、四尺三层贡、料半、夹连、锦连、罗纹、短扇等名目。四尺贡宣为双抄，品质较好；三层贡为三层合成，品质最好；料半为单宣，亦称草货；夹连可充四尺贡宣，多作卡片、名片；锦连与料半相同，唯叫法不同；罗纹之帘纹较粗；短扇纸色较差，可作色纸。宣纸中尺寸最大的为白鹿宣和露皇宣，它们也是宣纸中的佼佼者。前者即丈二宣，质地绵密，厚薄均匀，受墨柔和，迎光处可见各种姿态的梅花鹿若干对，是一种比较难得的书画佳纸。现代艺术大师刘海粟对其给予"白如云、柔如锦"的称誉。

露皇宣即丈六宣，纸质洁白如玉，吸墨良好且百折无损，适合于书画家大笔挥毫。相传该纸发明于清初，是皇宫内一种特制的糊窗纸。因皇宫室内窗户较大，故特造这种面积很大的宣纸。据说慈禧太后嫌纸色单调，曾命人在窗纸上画些山水风景等作装饰。画师作画时意外发现这种纸洁白柔韧，润墨清晰浑厚，是书画的上好纸品。一些书画家相继试笔后均一致给予赞誉，称其为纸界珍品。

中国文人好书画，同时也更爱宣纸。他们在书写做画时不惜一切代价而寻觅佳纸。对待宣纸书画珍品，更讲求收藏养护之道。如每年秋季在宽敞风凉处摊晒书画，并将其放在灰尘少、通风好的室内专用箱柜保存。这种精心收藏、妥善保管的爱惜之心，加上宣纸本身所具有的特质，遂创造出纸寿千年的奇迹。

四 砚

砚之家族从小到大

砚为中国所特有的研墨和调色器具。

（1）先秦时期。

砚始于何时，现已很难考证；砚究竟有多少种，一时也难以说清，但砚主要是以石质材料做成，这一点却得到了大家的认同。从汉字的构成可以看出，凡由"石字"组成的字大都与石头有关。砚、研偏旁从石，说明石头是古砚的最基本用材。东汉许慎《说文》解释道："砚，石滑也"；东汉刘熙《释名》载："砚，研也，研墨使和濡也。"由此可见砚是由质地细润柔滑的石头制成的，和墨配同使用。这一点也为考古发掘和文献记载所证实。陕西临潼姜寨遗址是一处距今五千多年的新石器时代遗址，其中发现有一套绘画工具特别使人感兴趣。考古工作者在一个原始人的骨架旁，发现了一块石砚，上面还盖有石盖。掀开石盖，砚面凹处有一支石质磨棒，砚旁有黑色颜料（氧化锰）数块，以及灰色陶质水盂共5件，构成了一套完整的彩绘陶器工具。从这一文物发现可知，我国砚的历史至少有五千年以上，而且作为研磨工具的砚，是伴随着墨的发展而发展的。

文字在商代时已基本成形，而且在殷墟甲骨上可以看到毛笔书写的朱墨笔痕，但至今没有看到商时的石质砚具。1976 年，河南安阳殷墟妇好墓中出土了一方玉质调色盘，三边有框，底部雕有一对鹦鹉，形象生动，琢凿精致，是一种专门用来调色、拭笔的砚。

西周时期，砚仍以石、玉为主，并经过人力磨琢加工。河南洛阳出土的一方残留着朱砂痕迹的长方形石板砚，前宽后窄，纯为人工打磨而成，是西周时的研朱用具，也是后世平板砚的鼻祖。

春秋战国时期，砚的使用已较普遍。宋苏易简《文房四谱》记载："鲁国孔子庙中有石砚一枚，制甚古朴，盖夫子平生时物也。"《述异记》中记载，春秋时越大夫范蠡有石砚。1975 年，湖北云梦睡虎地秦墓出土有战国时期的墨砚，用鹅卵石打磨制成。同年湖北江陵凤凰山汉墓中出土的石砚，则以细砂岩为原料，显示了古砚取材的广泛性。这些出土的古砚，有的与小铜勺（往砚中加水用）同出一木匣中，有的与铜镜、墨同出，已是一种专用的文具了。

（2）两汉时期。

两汉墓藏中出土过不少长方形石板砚，多由较细腻的页岩或板岩制成，砚体较薄。有的石板砚连同研石一同镶制在漆盒中，使石板更加稳固且不易断碎。漆匣装饰精美，颇具艺术欣赏价值。

两汉砚的取材更加广泛，制作工艺也更精巧。西汉刘歆《西京杂记》一书中记载："汉制：天子……以酒为书滴，取其不冰；以玉为砚，亦取其不冰。"1966年，安徽寿县马家古堆东汉墓中出土了一方"漆砚"，质地为夹纻胎，上髹黑漆，外加朱漆，后被证实是漆匣石砚的一个盖。西汉陶砚较多，其中最有名的为"十二峰陶砚"。它奇峰竞拔，一柱擎天，被人誉为古砚中的杰作。此外龟形陶砚也较多，以龟背为砚盖，上刻龟背纹，制作逼真精巧。另现存有一方东汉砖砚（陶砚），为长方形，砚池不深，形制古朴，砚台一侧刻有"永元十六年九月"的字样。西汉时也出现了金属砚。徐燉《徐氏精笔》中说："古人用铁砚者桑维翰也。洪崖先生欲归河内，舍人刘守璋赠以杨雄铁砚。以铁为砚始自杨雄，维翰效之耳。"

汉代不仅用砚普遍，而且也讲求对砚的保护，砚盒也愈趋美观。1970年，江苏徐州市一座东汉墓中出土了一件"鎏金镶嵌铜砚盒"。砚盒形状为一怪兽，通体鎏金，光泽灿然；上嵌红珊瑚、青金石、松绿石，装饰精细，是一件难得的文房工艺珍品。1988年，江苏邗江姚庄汉墓中曾出土过一件漆匣石砚。砚匣内外髹褐色漆，匣身髹朱漆，四周及底盖上绘制着流畅的火云纹和羚羊、锦鸡等动物，是汉代漆匣石砚中的精品。

汉代砚的造型以圆形和长方形为主，另也有山形和龟形等。由于当时人们习惯席地而坐，用矮几书写，遂将砚放在矮几旁的地上。为保持砚身的平衡和易于移动，足砚随之产生。1956年，安徽太和县一西汉墓中出土了一方石质圆形有盖的三足砚，其盖呈斗笠状并有笔孔，上刻两条披鳞挂甲的长身兽，砚底三足刻有清晰的花纹。现该物收藏于安徽省博物馆。1953年，安徽巢县柘皋出土了汉代"瓢形双足陶砚"，砚前端有双足，呈前仰后俯之势。低处易于存墨，高处便于膏笔，既实用，亦有观赏价值。

西汉时有人用未央宫等建筑物上的砖瓦挖凿制砚。其制法是将古砖瓦凿成一小池形状，在三伏天用日光晒或用小火炙烤池面，然后趁热在面上均匀涂蜡，使蜡慢慢渗入砖瓦空隙中，以不渗水为宜。

早期的砚多附有磨杵，因为当时一直使用天然墨或半天然墨。到汉代，出现了以松烟为主的人工墨，同时也发明了纸，这促使砚的制作发生了很大变化：磨杵和研石逐步取消了，装饰性纹饰出现了，砚愈加简便并自成一体，制作水平也有明显提高，砚已摆脱了纯粹实用工具的局限。

（3）魏晋南北朝时期。

魏晋南北朝时期是砚的进一步发展阶段。不论是砚材还是形制，都向多样化的方向发展。除大量使用石、陶砚外，金属砚和瓷砚也愈趋增多。据《拾遗记》记载，晋帝因《博物志》作者张华献书，"即于御前赐青铁砚"。宋米芾《砚史》上讲到，顾恺之的画上有"十蹄圆铜砚"。东魏孝静帝时，"芝生铜砚"被视为祥瑞之物。1957年，安徽肥东县出土了一件南朝铜蟾蜍砚。该砚遍体碧绿鎏金，蟾蜍身上的疙瘩用红、黄、蓝宝石镶嵌，砚面为石片镶嵌而成，设计独具匠心，为南北朝砚中的杰作。

这一时期南方的制瓷业发展很快,遂出现了瓷砚。晋时的瓷砚多为青瓷,以瓷土为胎,表面施青釉。砚多呈圆形,砚足为蹄形,多为三足、五足。1958年,江苏南京市发掘的东晋墓中出土了两方瓷砚。江西永丰县也曾出土过一方东晋时的三足圆形瓷砚。

晋时砚的形制稍有变化,当时多使用漆烟、松烟混合制作的墨丸,故砚多作成凹心式,以便于存聚墨汁。

晋时陶砚生产不如两汉时期,石砚的制作却富有艺术性。西晋傅玄《砚赋》中有"采阴山之潜璞"之语,可见砚材采选已被充分重视。河南洛阳晋墓出土过一块精雕细刻的石砿,圆形砚池四隅雕有龙头、卧虎、玄武及圆形水池,砚底刻有莲花。南北朝时期,石砚制作的工艺性特征更加突出。1970年山西大同出土了一方北魏石雕方砚,全身雕有各种图案,禽兽花鸟,栩栩如生,工艺也极精,为石砚中的上品之作。唐代以后,石砚在中国文化艺术殿堂中占有尊贵地位,此时的发展过渡期也是不容忽视的。

古瓦砚在此时更受重视。汉魏宫瓦土质细腻,烧制精工,尤其是曹操所建造的铜雀台,台瓦用土以胡桃油拌和,并掺入黄丹、铅、锡等物,烧成后坚致细润。宋苏易简《文房四谱》载:"铜雀瓦砚体质细润而坚如石,不费笔而发墨,此古所重者,而今绝无。"

纵观魏晋南北朝时期的制砚,其质材的多样化和形制的艺术化,为唐代四大名砚的崛起奠定了根基。

(4)隋唐五代时期。

隋朝因历时较短,资料缺乏,制砚情况难于考证。

唐代是中国封建文化高度发展的时期,文房四宝也在此时而繁荣,无论是在砚材种类上,还是在砚的形式上,都有了极为显著的发展。聚墨多的圆形有足砚曾十分流行,且墨堂和墨池混而不分。唐末桌椅盛行于世,砚又以无足平台为主要特征了。同时由于墨的制作水平的提高,适应于唐墨紧密度的砚料新品种增多了,以致于到了唐代中期,石砚和陶砚均得到突出发展,并终于涌现了唐时号称四大名砚(即山东鲁砚、广东端砚、江西歙砚、甘肃洮砚)的著名品类。

四大名砚在中国历史悠久、品类繁盛、资料丰富,故另单章介绍。唐代,除四大名砚外,全国许多地方也陆续出现许多名砚,如江西的罗纹砚,河南的盘谷砚(又名天坛砚),湖南的祁阳砚、双峰砚、桃花砚,浙江的越砚,安徽的紫金砚、乐石砚、磬石砚,河北的易水砚,等等。河南的盘谷砚,取材于济源磨脐山、陡崖山之间的盘谷地,故称"盘谷砚"、"盘石砚",也俗称"盘砚"。相距不远的王屋山主峰,相传黄帝曾在此设坛祈天求雨,故名天坛。一次韩愈和友人游天坛,途中获砚,遂作《天坛砚铭》:"仙马有灵,迹在于石。棱而宛中,有点墨迹。文字之祥,君家其昌。"此后"天坛砚"的名字就流传下来了。这种砚石刚柔相济,润泽发墨,并有天然生成的各种色彩和花纹,如青斑、天蓝、金线及柳芽黄、麦叶绿等。

河北的易水砚也兴盛于唐朝。这种砚石取材于太行山区的西峪山,石质刚柔并济,色泽温润,是北方不可多得的名砚佳材。易水砚和被称为"易水法"的墨在当地同享赞誉，均为奚家父子所创。唐末奚家后代因避战乱而迁居歙中，将制砚技艺传至南方。

唐代除名品繁多的石砚外，还有为数不少的陶砚。洛阳是唐代的经济文化中心，而洛阳博物馆1965年前馆藏解放后出土的古砚34方，其中唐砚有15方，除一方是青石砚外，其他的全部是陶砚。这批陶砚多为箕形有足式，是典型的唐砚风格。明陈继儒《妮古录》称："镜必秦汉，砚必唐宋"，可见唐砚在砚史上的确有不同凡响的地位。

五代时，砚也受到了宫廷的重视。南唐元宗十分喜爱歙州太守所献的歙砚，并在歙州设置了砚务官，命砚工李少微掌管砚务，专门开石为内府造砚。由于皇帝的重视，歙州一带的制砚业更加兴旺。到后主李煜时，澄心堂纸、李廷珪墨、龙尾石砚三物，为天下之冠。其中的龙尾砚为歙砚中的上品。上风下行，砚的地位大大提高。

五代时期的砚还有一个特点，即铭文增多，并能体现出文人的雅好。洛阳博物馆藏有一方后晋天福二年所造长方形平台斜面灰陶砚，背面阴刻铭文28字，右侧下端刻五言绝句一首，字迹虽漶漫不清，但铭文却清晰可见。

五代青州（今山东益都一带）还生产有一种金属砚，桑维翰制作熟铁砚的故事多见记载。《五代史·桑维翰传》载，桑氏赴进士试前，有人以"桑"、"丧"同音，恐怕考试不吉利，劝他放弃应试打算。桑氏不接受，并铸铁砚表示志向说：除非铁砚磨穿，我才会改变志向。它书则载：桑氏才华横溢，但面长身短，身材难看，应考时遭到考官的奚落，他愤然返回故里，以铸铁砚为业。《新五代史·桑维翰传》载："著《日出扶桑赋》以见志，又铸铁砚以示人曰：'砚弊则改而它仕'。卒以进士及第。"青州铁砚由此扬名。

（5）宋、元、明、清时期。

宋代是雕砚工艺史上的辉煌时代。宋代制砚技艺不断提高，制砚材质日趋多样，制作区域也日渐扩大。当时唐州、温州、端州、歙州、青州、成州、潭州、夔州、庐山、苏州、淄州、虢州、信州等处均制石砚。

宋砚形制以抄手砚、椭圆形高台砚及长方形平台砚居多，而尤以抄手砚为典型。椭圆形高台砚多雕刻园林人物，《西清砚谱》所收兰亭砚、蓬莱砚、太史砚等宋砚，均是高台砚的典型形式。

宋砚雕琢浑厚大方，并开始出现突出石上星、眼纹色而加以巧作者。宋人题赞石砚者大大超过唐五代。黄庭坚在《砚山行》中称咏金星砚和端砚说："日辉灿烂飞金星，碧云色夺端州紫。"米芾称赞金星砚说："金星宋砚，其质坚丽，呵气生云，贮水不涸，墨水于纸，鲜艳夺目，数十年后，光泽如初。"研究、鉴赏砚石的著述也相继问世。如无名氏撰的《端溪砚谱》、《砚谱》，米芾的《砚史》，高孙的《砚笺》，唐询的《砚录》、蔡襄的《砚记》，洪适的《辨歙砚说》，曹继善的《歙砚说》，以及苏易简的《文房四谱》，等等。这些题赞、著述多出自文人之手。从此时起，石砚因能多方位地反映文人的生活情趣，遂在文房中的地位愈加突出。

中国瓷器历经唐五代，在宋朝又有了极大的发展，瓷砚在此时也颇为盛行，如影青瓷砚、龙泉瓷砚、绿瓷砚等，在当时均颇具名声。

元代制砚仍以石质为主要原料，其式样具有鲜明的时代特征，并注重实用。如其雕刻纹饰，线条浑厚，形象生动，加之砚堂开阔，显得落落大方，颇有一种草原民族的豪放气概。1972年，北京曾出土了一件元代石暖砚。砚上凿有两个墨池，分别遗有黑、红色墨迹。墨池下面还凿有一腔膛，内壁有火烧烤过的痕迹，估计是为了防墨寒结冰而加温取暖之用，极宜于北方冬季寒冷之地。

明清时期，石砚更注重名石佳品，而且制砚工艺愈加精美。自明朝时，一部分砚台已由实用为主转为实用和观赏并重，有些已完全变为文房内摆设的工艺品。明代盛行赏砚、藏砚之风，有力地促进了制砚业的蓬勃发展。当时石砚仍以端石、歙石、洮河石为贵重，端石被尊为诸石之冠。明砚雕琢大都延续宋代风格，浑厚古朴，唯因端砚佳品层出，多讲求式样和纹饰，以追求气韵优雅，在端砚上题诗铭跋也盛极一时。

明代仿古砚之风也渐兴。如江西省仿制的未央宫古瓦，质地细润，铭刻逼真，人多珍之。

明代除传统的名砚佳品之外，又不断发掘了一些新的砚材。如北京门头沟的潭柘紫石砚，呈紫猪肝色，质地缜密坚实，温润莹亮，发墨易笔，为北方砚中的后起之秀。另如产于东北长白山脚下的松花石（又名松花玉），也为新发现的明砚佳品。马端绪的《砚林胜录》载："松花石砚温润如玉，绀绿无瑕，质坚而细，色嫩而纯，滑不拒墨，涩不滞笔，砚之神妙尽备。"此外还有产于四川嘉陵江的"嘉陵峡砚"，产于河西走廊嘉峪关黑山峡的"嘉峪石砚"以及大理石砚等，多见于记载。

明代重视赏砚、藏砚，也讲求爱砚、养砚，砚与文人的生活更加紧密。一些珍贵的佳砚多配以制作精细、装潢考究的砚匣，明屠隆《考槃余事》载："砚匣以紫檀、乌木、豆瓣楠及雕红退色漆者为佳。"佳砚置于砚匣之中，既可达到养润的目的，也可起到防晒、防尘之功效。

好砚不仅重于存放，还要勤于浸洗。古谚有"宁可三日不洗面，不可一日不洗砚"之说。屠隆《考槃余事》载："凡砚池水不可令干，每日易以清水，以养石润。磨墨处，不可贮水，用过则干之，久浸则不发墨。"

清代制砚、赏砚、藏砚、评砚之丰富发达超过以往各代，而且在清代，砚台已主要是用于陈设于文房的观赏品了。除北京之外，广东、安徽、江苏、浙江等地均是著名的雕砚中心，而且各具流派特点。制砚工艺更加精美，不仅皇帝在宫内设坊精心制砚，甚至文人也亲自持刀琢砚，高凤翰藏砚一千余方，有半数出自己手；当时的书画家、鉴赏家汪启淑、汪扶晨、吴梅颠、巴慰祖等都能琢砚，而且自为铭刻。由于文人的直接参与，砚的文化品位进一步提高，对砚的鉴赏研究也更被重视。高凤翰的《砚史》、高兆的《端溪砚石考》、吴兰修的《端溪砚史》，以及朱栋的《砚小史》、余怀的《砚林》、朱竹坨的《说砚》等，均是研究砚石发展的宝贵史料。

清代砚石产地仍在不断扩大。宁夏银川市西北部的贺兰山高峰笔架山下的砚石颇被人看重。乾隆版《宁夏府志》载："笔架山在贺兰山小滚钟口，三峰矗立宛如笔架，下出紫石可为砚，俗呼'贺兰端'。"之所以称为"贺兰端"，因其产于贺兰山外，还因砚石上长有端眼中的石眼。该石下墨快，不易干涸，素有"存墨过三天"的美誉。晚清时，南方制砚高手来此传授技艺，使贺兰砚的制作工艺有了显著发展。当时砚林中流传"一端二歙三贺兰"的说法，由此可见人们对其的宝爱程度。此外尚有湖南浏阳的菊花石、云南的苴却砚、贵州金星石等，也是清时比较有名的。

清时，一种以石砂、漆和纸合制的漆砂砚（也称纸砚）也被视为珍品。其色泽与端、歙石一般，且用之经久不坏。此外还有陶砚、木砚、金属砚及玛瑙砚、翡翠砚、水晶砚等。清朝不仅砚材种类多，而且造型精美、工艺完备并具有丰富的装饰题材，故砚台已不仅是单纯的实用品或陈设品，而且是融汇中国书法、绘画、雕刻等诸多文化因素的综合艺术品。

贵为豪杰的端砚

端砚是中国历史上最为名贵的砚品之一，早在唐代即已同红丝砚、歙砚、洮砚并列为四大名砚。故端砚的历史至少有1350年了。端砚产于广东肇庆市。宋代以前，肇庆一直称端州。端州的砚坑集中在羚羊峡东南岸的烂柯山（又称斧柯山），山下有一条端溪水自砚坑村出，逶迤北去注入西江，砚石即在这一带开采。

端砚开采于唐代初年。清计楠《石隐砚谈》载："东坡云，端溪石，始出于唐武德之世。"武德为唐高祖的年号。而且在唐朝时，端砚已与人们的文化生活有了较密切的关系，尤其受到了文人的重视，这在唐诗中有集中的体现。唐李贺《杨生青花紫石砚歌》一诗常被引用：

端州石工巧如神，踏天磨剑割紫云。
佣刓抱水含满唇，暗洒苌弘冷血痕。
纱帷昼暖墨花春，轻沤漂沫松麝熏。
干腻薄重立脚匀，数寸秋光无日昏。
圆毫促短声静新，孔砚宽顽何足云。

此外，如刘禹锡《唐秀才赠紫石砚以诗答之》的诗句"端州石砚人间重，赠我因知正草玄"；皮日休有《以紫石砚寄鲁望兼酬见赠》一诗："样如金蹙小能轻，微润将融紫玉英。石墨一研为凤尾，寒泉半勺是龙睛。"徐夤《尚书命题瓦砚》一诗云："远向端溪得，皆因郢匠成。凿山青霭断，琢石紫花轻。散墨松香起，濡毫藻句青。"唐李肇《国史补》中载："内丘丘瓷瓯，端溪紫石砚，天下无贵贱通用。"可见端砚在唐时已流传很广了。

　　唐初的端砚朴实无华，多以实用为主，不太注重雕饰，形制和样式也比较简单。其式样或圆或方，即所谓"淌池"、"单打"和"斗方"之类，砚石除墨堂外，几乎没有什么装饰。中唐以后，随着社会经济、文化的发展，人们的欣赏品位不断提高，此时砚不仅美观实用，同时也要古雅精致，适宜于文房情调。端砚的石质花纹以及形制工艺都从这种角度被认同，而且此时端砚上还出现了具有文人风范的诗歌和砚铭。唐诗人陆龟蒙家藏一方端砚，砚中有石品蕉叶白，蕉叶白旁刻一钗头，钗头上有一只翘首白凤，故刻砚铭："露骨坚来玉自愁，琢成飞燕占钗头。"相传著名诗人李商隐也有一块端砚，中有惹人喜爱的青花石品，文人见了都赞不绝口，李商隐更是爱之如命，并亲自在砚背铭刻"玉溪生山房"五个字。相传这方宝砚后来一直在民间流传，宋时为苏东坡所得。

　　端砚闻名于唐朝不仅有唐诗为证，同时民间也流传着种种传说。相传唐贞观时，一位广东的举子上京应试。当时京城西安正值大雪纷飞，天寒地冻。考试时，考生们在考场里紧张地磨墨，但刚磨好，蘸墨挥笔之际，墨汁已冻结，弄得考生们无计可施，监考官也爱莫能助。就在这时，一个监考官像发现奇迹似地站在那位广东举子面前，只见他正奋笔疾书，砚里的墨汁不但没有冻结，反而油润生辉。考试结束后，监考官马上找到这位考生，拿起砚台仔细端详，并亲自蘸墨试笔，爱不释手。他得知这是端州出产的砚台，并视为奇宝，立即启奏皇上。皇帝试用后，也极为满意，遂将端砚列为贡品。从此，端砚便名扬天下。

宋时，端砚的石品质量和艺术加工同时并重，特别是在工艺制作上，比唐代有显著进步。其构图讲求立意，注重造型。据叶樾《端溪砚谱》载，其形制有平底风字、有脚风字、垂裙风字、古样风字、风池、四直、古样四直、双棉四直、瓢样、合欢四直、箕样、斧样、瓜样、卵样、璧样、人面、莲、荷叶、仙桃、鼎样、玉台、天研、蟾样、龟样、曲水、钟样、圭样、笏样、梭样、琴样、鏊样、双鱼样、月样、团样、琵琶样等，多达五六十种。据说苏东坡倡导使用不加斧凿的天然砚（也称随形砚），也独具一格。当然最有名的砚式当首推太史砚和兰亭砚。太史砚也称插手砚或抄手砚，形似一块砖头，但砚尾和砚底掏空，以减轻砚的重量。兰亭砚是在太史砚的基础上发展起来的，其外形与太史砚相同，但纹饰却远比之复杂。一般在砚池上部雕刻一老者在书写，旁有书童服侍，还刻有亭台、游鹅；砚的四侧分别刻有读书图、下棋图、弹琴图、观画图，此外还刻有王羲之的《兰亭序》，大概这就是此砚称为兰亭砚的缘由。此砚一出即受学人喜爱，后一直为文人雅士所尊崇，直到现在，工匠们还经常仿制。

宋代端石砚材开采很多，如水岩、宋坑、坑仔岩、梅花坑等。水岩常年浸泡水中，石质温润如玉，石品丰富，为世所珍。但因其长年被水浸渍，故开采十分艰难。苏轼有一方端砚，左侧阴刻行书："千夫挽绠，百夫运斤,篝火下缒,以出斯珍。"形象地再现了砚工采石的艰辛。陈师道在《谢寇十一惠端砚》诗中也写道:"没人投深索千丈,探颔适遭龙伯睡。辘轳挽出万人贺,千岁之藏一朝致。"石工被征采砚,苦不堪言,因而有了"包公掷砚"的故事。据《宋史·包拯传》载:"拯知端州,端土产砚,前守缘贡率取数十倍以遗权贵。拯命制者才足贡数。岁满,不持一砚归。"这一记载非常简单,远不如传说丰富。据说包拯在端州任满返京时,因为他爱民如子,百姓极为感激,前来码头送行,许多人自愿将家藏的端砚送给他作纪念,被包拯一一谢绝。书童包兴知道主人擅长书法,私下收受了一方。开船时天色晴朗,风和日丽,不料官船刚过羚羊峡,忽然乌云四起,狂风大作。包公感到事有蹊跷,遂命人在舱中检查,看有无来历不明的东西。此时包兴忽然想到自己私自为主人收下一方端砚,连忙取出向主人请罪。这方端砚外包一块黄布,砚身雕龙刻凤,鸲鹆眼碧绿晶莹,果然是方好砚。包拯二话没说,随手将端砚掷到波涛翻滚的江水中。说也奇怪,顿时风平浪静,云散日出,在砚下沉的地方隆起一片沙洲。据说离羚羊峡不远的"砚洲"和"黄布沙"就是这样形成的。在古端州城门楼上有人专门刻了一副对联:"星岩朗曜光山海,砚渚清风播古今",以颂扬此事。

宋时端砚形美质佳,为当时文人学士所心折,有的竟爱砚成癖。但在当时要得到一方上好的端砚也并非易事。一是端州远在南方,交通不便;二是优质砚石开采不易，佳石琢成后多充作贡品送入皇宫，一般人难得一见，故一旦遇有佳石，便如拱璧。据宋何薳《春渚记闻》载，宋徽宗召米芾进宫，"令书一大屏，指御案间端砚使用之。芾书成，即捧砚跪请曰：'此砚经臣濡染，不堪复以进御，取进止'。上大笑，因之赐之。芾舞蹈以谢，即抱砚趋出，余墨沾渍袍袖而喜见颜色"。狂喜之情溢于言表。

元代端砚仍为书画名家及文人墨客所青睐，大书法家赵孟頫即好用端砚，并为其所用的"绿端松磬砚"取名为"大雅"。元诗人杨载写有一首《破砚》诗："彼美端溪石，家藏岁月多。廉隅皆破缺，筋力尽研磨。玉亦坚而已，星如粲如何。向来曾自诡，持用掇高科。"尽管是一方残缺之旧砚，诗人依旧偏爱异常。

明清两代，我国端砚发展到了一个新高峰。砚式丰富多彩，制作更臻完善。其砚形也有所创新，出现了蛋形、神斧形、金钟形、古鼎形、古琴形、瓜果形及各式杂形。其纹饰题材也极为广泛，凡花鸟鱼虫、飞禽走兽、山水人物等，无所不及，或新颖别致，或淳朴古雅。在雕刻上也极为讲究，线条细腻，繁而不乱，物象生动，浑厚而富于变化。此时还出现了一种"平板砚"。这种砚石只重砚材，不加雕琢，甚至也不开墨池、砚堂，多供收藏鉴赏之用。

明代不少文人嗜砚成癖，尤其注重石质姣好、石品丰富的端砚。得到一方佳砚时，都要对其品评一番，并在砚背、砚侧镌上诗句或铭文，使之成为名符其实的文房清供。明徐渭有一方云龙砚，砚头刻二龙，彩云簇拥，石眼作龙眼。砚底有徐渭的铭文："端石之佳，生于水涯。温腻如玉，斯乃然耶。翩翩公子，弄笔生花。"

端砚在清时最为名贵，备受时人推崇。康熙至乾隆时为端砚的全盛时期，这与当时社会经济的发展及各种艺术的繁荣均密不可分。此时无论是名坑砚石的选择、砚石的形制，还是雕刻技艺、品评赏鉴，都有所创新和发展。当时端砚不仅刻工精致，甚至连所配木盒装潢也十分讲究，或配以硬木漆盒，或嵌以美玉象牙，本身就是一件精美的工艺品。当时负责编纂《四库全书》的纪昀所用的一方官砚，制作极精美。其右边为墨池，左边为题铭，上有乾隆御铭："其制维何，致之石渠。其用维何，承以宣诸。研朱滴露润有余，文津阁鉴四库书"。砚匣以檀木制成，古雅生辉。嘉庆、道光以后，端溪砚石开采已逐渐减少，一些名坑端石因塌方而停止开采，如水岩在嘉庆年间曾一度"石几尽，坑闭不复采"的境况。由于砚石产量锐减，迫使刻砚艺人以工取盛，偏重精巧，端砚愈加工艺化、陈设化，渐成为单纯的文房清供和收藏珍品了。

端溪名坑与端砚石品

位于肇庆东南端溪一带的斧柯山，这里幽谷深邃，溪水清澈见底，周围分布着岩洞砚坑约有50余处。这些名坑大致分成两部分：一是羚羊峡以东斧柯山一带，也即端溪水以东的地区，集中了最为名贵并最具代表性的砚坑洞,如水岩、坑子岩、麻子坑等;另一个是七星岩背后北岭山一带,从东至西延绵近30公里,有守坑、梅花坑等。南宋叶樾《端溪砚谱》载:"斧柯山峻峙壁立,下际潮水,自江之湄登山行三四里,即为砚岩也。先至者为'下岩',下岩之中有泉出焉,虽大旱未尝涸。下岩之上曰'中岩',中岩之上曰'上岩'。自上岩转山之背,曰'龙岩'。龙岩盖唐取砚之所。后下岩得石胜龙岩,龙岩不复取。"砚石分下、中、上及龙岩、半边山岩等不同岩位,其品质也有上、中、下之分。《端溪砚谱》称:"石以下岩为上,中岩、龙岩、半边上诸岩次之,上岩又次之,蚌坑最下。"下岩水坑中的砚石是端溪中的极品,最受人们宝爱。

水岩又名老坑,开采于唐初。水岩共分四个岩洞,即大西洞、正洞、小西洞和东洞,其中以大西洞最佳。端砚砚石质地以水岩为最,可谓集端溪各名坑砚石之优点于一身。其石质细腻、娇嫩、致密、坚实,石色丰富多彩,石品花纹绚丽多姿。主要石品花纹有冰纹,金、银线,青花,火捺,天青,蕉叶白,鱼脑冻以及各种名贵的石眼等。比较常见的是冰纹和金、银线,其次是火捺,鱼脑冻和蕉叶白非常难得。由于水岩石质特别优良,用它制的砚常被列为贡砚。清高兆著《端溪砚石考》载:"不损毫,常砚皆能之,唯发墨之妙,非亲试水岩不知也……水岩……玉肌腻理,拊不留手,着水研墨则油油然,与墨相恋不舍。"诸多砚史也给其以崇高的赞誉,如"细润如玉","温软嫩而不滑","叩之无声","贮水不耗,发墨而不损毫"。正因为水岩砚石有如此优良的品质，甚至有"呵气研墨"之效，故理所当然被奉为众坑之冠。

坑仔岩与水岩同出一脉，砚石色泽也与水岩相近，略带赤色，石质仅次于水岩。它开采于宋代治平年间，以后历代均有开采。坑仔岩石质优美，纹理细腻，石品丰富，除蕉叶白、鱼脑冻、青花、火捺以外，尤以石眼多且佳而著称。其石眼色翠绿（亦间有黄色），有的晕作七、八重，黑睛活现。相传宋苏东坡收有一方坑仔岩砚石，共有17颗石眼，后为乾隆帝所得。坑仔岩至今仍是端溪名坑中的高级砚材。

麻子坑位于水岩之南，有水坑、旱坑之分，开采于清乾隆年间。相传一位陈姓麻脸的采石工无意中发现此坑，历经千辛万苦，冒险进洞开采得石，故后人名为麻子坑。该处山坡陡峭，崎岖险峻，故采石艰险。砚石质地细嫩坚实，可与坑仔岩相媲美，佳石易与水岩石相混同。石品有鱼脑冻、蕉叶白、青花、猪肝冻、金钱火捺及石眼等。

宋坑因开采于宋代而得名，包括盘古坑、陈坑、伍坑、蕉园坑等，古称将军坑，砚石仅次于上述三坑。但因采石区域较广，故石质、石色不完全一致。一般色紫如猪肝，凝重而浑厚，表面有金星点，品质佳者有火捺、猪肝冻或金钱火捺等。上乘宋坑砚石致密滑润，下墨快，但不如老坑砚石研磨的墨汁细腻油润。石质稍粗的宋坑砚石称紫端，可作墨海、淌池等砚。

梅花坑又称九龙坑，与宋坑同出一脉，也开采于宋代。砚石呈灰白微带青黄色，有梅花点者最佳，其石质近似宋坑，下墨快，尤以眼多而著称。

绿端坑亦开采于北宋，石色青绿微带黄色。上等绿端一片青翠，晶莹纯净，亦为无上妙品。清代纪晓岚在他的一块绿端砚上刻有如下砚铭："端溪绿石，砚谱不以为上品，此自宋代之论可。若此砚者，岂新坑紫石所及耶？嘉庆戊午四月晓岚记。"砚侧镌有："端石之支，同宗异族，命曰绿琼，用媲紫玉。是岁长至前三日又铭。"绿端由此更为名贵。

宣德岩开采于明宣德年间，故名。色与宋坑相近，略带紫蓝、苍灰，石质细腻润泽。此外还有朝天岩、白线岩、青点岩等。

端砚的优劣，除取决于所产砚坑之外，也与其本身的石品花纹类别有很大关系。端砚最重石品，常见的比较名贵的石品有如下几种。

青花 青花是一种十分名贵的石品花纹。因其在端石中很少见到，故一向被认为是砚中的菁花。这种石品在唐代已被发现。唐人吴淑看到砚石中有一种花点，如箸头大，点呈青蓝色，处在青黑的砚质之间，好似天空中的星斗。用水湿润砚面，花点便显露出来，他称这种花点为青花。青花的形象或如花点，或如鼠爪痕、蚁脚纹等，故其名称有微尘青花、鼠爪青花、玫瑰紫青花、子母青花、鱼儿坠青花及雨淋墙青花等。清朱彝尊《说砚》载："沉水观之，若有萍藻浮动其中者，是曰青花。"何瑶《宝砚堂砚辨》说："鉴别端石，以青花为最佳。青花，石之细纹也。"古人对青花多有评价，清代吴兰修认为，青花"以大小相杂为佳","青花欲细不欲粗,欲活不欲枯,欲沉不欲露,欲晕不欲结,欲浑不欲破"。青花在端砚诸多石品中不仅名贵,而且重要,以致日本人称:端砚研究上的论战,实为青花之论战。

鱼脑冻 鱼脑冻简称鱼脑,是砚石中最细腻、最幼嫩之处。"冻"指色白而莹润,甚至给人以透明的感觉。吴兰修《端溪砚史》形容鱼脑冻为"如团团圈圈","澄潭月样",是"水肪之所凝也"。最佳的鱼脑冻,"白如晴云,吹之欲散;松如团絮,触之所起",这种妙品只有水岩大西洞才有。如果鱼脑冻里又夹杂着青花,则更为佳绝。一般的鱼脑冻多错落疏散,颜色皎洁,被称为"碎冻"。此外还有被称为"猪肝冻"、"金钱冻"的石品,均难得一见。

蕉叶白 蕉叶白简称蕉白,形状如蕉叶初展,含露欲滴,一片娇嫩。古人对蕉叶白极为欣赏,赞美备至。清吴兰修《端溪砚史》称:"蕉叶白者,石之嫩处,膏膏所成,故其色白。其一片纯洁,微有青花。"又云:"如秋云绵密,或如水波微尘。视之不见,浸于水中乃见。"蕉叶白内微有青花,外围往往有火捺,因而形成青花蕉叶白、火捺蕉叶白。此种石品以水岩所出为最好,朝天岩的砚石也有这种石品,但"浅而露矣"。

火捺 火捺也称火烙,形状像被火烙了一下,故名。火捺有老、嫩之分。老者紫中带黑,嫩者紫中微带红。色泽中深而外淡并逐渐晕化者,称"胭脂晕火捺";形如马尾临风者称"马尾火捺";圆如古钱且一圈圈成轮状者,为"金钱火捺"。以上均为高级火捺。

宋坑砚石多火捺。有火捺的砚石极易发墨。还有一种火捺色泽较深，为紫中带苍黑色，称为铁捺。其质地坚硬，耐研磨，但在火捺石品中地位不高。

冰纹 冰纹是水岩砚石所特有的一种石品花纹。其状为一种白晕，似线非线，似水非水，细若游丝，密如蛛网，是为冰纹。还有一种称为冰纹冻的，是由一组冰纹组成，其纹如悬崖上的瀑布直泻而下，四周水雾弥漫，轻盈飘逸，外围有火捺包围，甚为名贵难得。

天青 纯净而无瑕疵，色为青蓝，沉着素静，这种石品为"天青"。上品天青"如秋雨乍晴，蔚蓝无际"，下品则"阴而晦"。水岩大西洞中层的石多有天青。此种石品虽不是最珍贵者，但也比较少见。

翡翠 端石中有翠绿色斑点或条纹，但又非石眼般有瞳有圈，称为翡翠点、翡翠斑或翡翠纹。前人称这种斑纹为"青脉"，并认为"有青脉者必有眼，""端人谓青脉为眼筋"（《端溪砚谱》）。故翡翠在端石石品中也较名贵。

金、银线 端石中往往有或纵或横之线，凡色黄者称金线，色白者称银线，在雕刻时可起装饰作用。

石眼 在端砚的诸多石品中，眼也是最负盛名的，甚至有"千里一眼"之语。石眼指在砚石上天然生成的如眼目一样的石核，有的石眼晕圈作数重，甚至十数重，并兼有瞳仁眸子，看上去有如鸟兽的眼睛，大小不一，神态各异。叶樾《端溪砚谱》认为："凡有眼之石，在本嵩中尤缜密温润。端人谓石嫩则眼多，老则眼少。嫩石细润发墨，所以重有眼也。"可见人们重眼自有其道理。石眼名目众多,较常见的有鸲鹆眼、鹦哥眼、凤眼、雀眼、猫眼、象眼等,绝大部分以禽兽之眼命名。目眼中又有"活眼"和"死眼"、"高眼"和"低眼"之区别。"活眼"圆晕有瞳,栩栩如生;只具外形,毫无光彩者为"死眼"。生于墨池之外,位于砚堂顶端或砚边,磨墨时不为墨所渍掩者为"高眼";生于砚堂下部或砚堂之中的为"低眼"。李之彦《砚谱》说:"活眼胜泪眼,泪眼胜死眼,死眼胜无眼。"故端砚有眼必贵,尤其是那种青绿黄三色相重,晕作数层乃至十几层,瞳子圆正,色泽鲜美的鸲鹆眼,最为宝贵。如果一块端砚外有鸲鹆眼,内有青花,则更为珍贵了。相传乾隆时一个书生得了一方端砚,砚池顶头有两粒鸲鹆眼,晶莹活泼,砚池内"青花隐隐若细藻萦绕",书生爱不释手,将其命名为"鹅子砚",背后铭刻两句诗文:"不信穷途知己在,一双鸲鹆眼长青。"

端砚石品既有上述佳品,有时也有"石疵",甚至两者龙蛇混杂。石疵摩之触手,用不发墨,所以被视为石病,即砚石的缺陷。石疵种类很多,如玉点(即石榴仁)、铁线、鹧鸪斑、猪鬃眼、虫蛀等。遇有这些石疵,如果设计时巧妙布置,也可化腐朽为神奇,为砚石增色添辉。

人们不仅重视石之所出,而且对石品津津乐道,这不仅在于它本身有较高的观赏价值,更重要的是这些绚丽多姿的砚石其石质极为优良。《端溪砚史》称:"青花者石之荣,鱼脑、蕉白者石之髓,天青者石之肉。荣无质必傅他质而著之。傅于天青者上品，傅于鱼脑、蕉白者无上上品。"《端溪砚谱》称：砚石"嫩则多眼，坚则少眼。石嫩则细润发墨，所以贵有眼"。可见石品与石质间有内在的联系。人们在讲求端砚品佳质优时，一直没有忽视其做砚台的实用性。

砚中俊士——歙砚

（1）歙砚之发展。

歙砚产于江西婺源龙尾山一带的溪涧中，婺源旧属歙州（今安徽歙县），故名歙砚或龙尾砚。相传唐开元中，有猎人叶氏逐兽至婺源长城里，见垒石如城，莹洁可爱，遂携归成砚，温润发墨甚至超过端溪砚，自是歙砚以盛名相传。明李日华《六砚斋笔记》称："端溪未行，婺石称首，至今唐砚垂世者龙尾也。"

歙砚真正为世人所重还是在五代的南唐时期。南唐的几位君主都留意翰墨，尤其是李后主极为喜爱歙砚。据《灵璧志略》载，南唐后主李煜有一方龙尾砚，"长仅逾尺，前耸三十六峰，高者为华盖峰，参差错落者为月岩、为玉笋、为方坛、为上洞、为翠峦，又有下洞三折而通上洞。中有龙池，天雨则津润，滴水少许于池内，经旬不燥"。

南唐败亡后，歙砚一度停产，至宋景祐年以后，歙砚重新开采。连续几次规模不小的开采，使歙砚精品不断涌现，影响也随之扩大，并被列为皇家贡品，文人雅士及书画家对其也推崇备至。

宋代歙石名色之多，质地之细，为诸砚之冠。其色苍黑青碧，声如振玉，纹美如丝罗。其质地温润坚致，发墨利笔，且贮水不耗，历冬不冻，因而十分名贵。据说苏轼为产于福建延平的一方石砚写过一首砚铭："苏子一见名凤咮，坐令龙尾羞牛后。"不想这首砚铭传到了歙州，歙州人甚为不满。后苏轼到歙州求取龙尾砚时，歙州人回答说：你不是已经有"凤咮"了吗，还要"龙尾"干什么？经友人相劝，苏轼遂写下一首《龙尾砚歌》以解释前因："君看龙尾岂石材，玉德金声寓于石。与天作石来几时，与人作砚初不辞。……我生天地一闲物，苏子亦是支离人。粗言细语都不择，春蚓秋蛇随意画。"如此一番检讨开脱，总算得到了一方龙尾砚。后苏轼对龙尾砚极欣赏，并亲自设计歙砚的形制。如宋代流行的抄手砚，据说就是苏东坡设计的式样。砚背面雕成箕形，可供手插入，移动方便灵活，形式古朴端庄，人称东坡砚。

世人的喜好极大地推动了歙砚制作的发展。据说婺源龙尾山下的砚山村，家家都有人制砚，景象相当兴盛，金星、罗纹、眉子等名品相继问世，尤其是金星石品，丰采不下端州紫砚。黄庭坚亲自到过歙砚采石现场，并写下著名的《砚山行》："日辉灿灿飞金星，碧云色夺端州紫。"欧阳修则认为，歙砚"以金星为贵，在端溪（砚）上"。米芾对此更是极力称赞："金星宋砚，其气坚丽，呵气生云，贮水不涸，墨水于纸，鲜艳夺目，数十年后，光泽如初。"

随着歙砚制作、鉴赏实践的丰富，论述歙砚的专著遂应运而生，如唐积的《歙州砚谱》、曹继善的《歙砚说》、洪景伯的《歙砚谱》，以及《辨歙砚说》等，对歙砚的采制、石品种类和鉴赏及制砚的风格特征等，多有述及。

至南宋末年，歙砚生产已开始走下坡路。端宗景炎二年（1277年），婺源县令汪月山"发数都之夫力"大规模开采砚石，以至"石尽山颓，压死数人乃已"。旧坑湮没后，又转至紧足坑，后又告崩塌。元江光启《送侄济舟售砚序》对此记述道："今至元五年（1339年）十月廿八日夜，湮声如惊雷，隔溪屋瓦皆震，人惊兽骇。数年前工人告予，紧足石斫凿已尽，予不之信，至是果然。六十年两见此事，亦可一概。"此后歙砚长期停采，又由于战乱连年，砚工久废，歙砚制作因此一蹶不振。据《婺源县志》载："自元兵乱后，琢者日拙，识砚者尤鲜。"这种情况一直延续至清乾隆时才稍有所改变。弘历酷爱翰墨，对文房珍品自然讲求。一登基即派人在歙州"构求精砚"，甚至还采取"重价征取"的办法，搜求士绅家藏古砚和民间的老坑旧石。然而自此以后，歙砚采掘又处于停滞状态。由于开采很少，歙砚传世者远比端溪砚为少，其名声渐落端砚之下，而歙砚之精者，更为少见。

（2）歙砚石品。

和端砚一样，歙砚的品质也取决其出产的坑洞和所特有的石品。唐五代时，歙州辖歙、休宁、祁门、黟、婺源、绩溪诸县，产砚诸坑主要在歙、祁门、婺源，而尤以婺源所出最佳。婺源主要坑口集中在罗纹山、主持山、济山等处。罗纹山有挖于唐开元时的眉子坑,始于南唐李氏的罗纹旧坑、里山坑,以及水弦坑、水蕨坑和金星坑等;主持山的溪头坑石多金星,叶九坑石有眉子;济山有碧里坑、水步坑、里山坑等。此外尚有洞灵岩和驴坑。以上诸坑在清以前均废止,清乾隆时及现代所采之坑,均在婺源县龙尾山下的砚山村。

歙砚纹理丰富,品名繁多,最主要者有罗纹、眉子和金星三大类。

罗纹多产于罗纹坑,因其光泽似罗绮而得名。罗纹约有20种,其中最名贵的是犀角纹、鳅背纹及细罗纹、暗细罗纹,带有这些石纹的歙砚都是莹润发墨、呵之出水的精品。犀角纹丝直而细密;鳅背纹又称满盆鳅,纹多而密;细罗纹层次薄、石纹细;暗细罗纹则需细审才能发现,纹似罗縠之精细,莹净致密,一无瑕疵,乃歙石中无上精品。

眉子多产于眉子坑,是罗纹的一种变异形态,呈眉状或甲痕状。眉子品名有十多种,如长眉子、短眉子、阔眉子、对眉子、簇眉子、金晕眉子、雁攒湖眉子等,其中尤以对眉子和雁攒湖眉子为尊贵。前者成对出现,纹如画眉而细;后者纹晕如一泓秋水,四周眉子密集如群雁翱翔。此皆因以稀见、奇特而被尊为上品。

石中有金色斑点如星斗者称金星;金星质若融为云雾状则为金晕;金星质融化不见痕迹时,金石呈青碧色,显得娇媚可人。金星石多出在金星坑,其品名也有10种以上,多以金星斑点之形状而命名,如雨点金星、雨丝金星、金钱金星、鱼子金星等；也有以其大小或多少而命名的，如大金星、小金星（也称芝麻金星）、满天金星、稀落金星，等等。金星石色泽佳美，莹光斑斓，具有很强的装饰作用，故被视为歙石的代表性特征。

鲁砚、洮河砚、澄泥砚

（1）鲁砚。

鲁砚是山东省各地出产砚石的统称。鲁砚产地分布广，品种丰富，在中国砚史上极负盛誉，尤其是青州砚，曾名冠四大名砚之首。唐书法家柳公权在《论研》中称："蓄砚以青州砚为第一，绛州次之，后始重端、歙、临洮。"

青州红丝砚为鲁砚中的佼佼者，远在唐代时就已名扬天下。该砚产于沂蒙山区临朐县老崖固，该地古为青州所辖，故又称"青州砚"。该石色彩艳丽，纹理多姿，并有天然生成的各种文采图饰。宋唐询（字彦猷）《砚录》称："红丝砚华缛密致，皆极其妍。既加镌凿，其声清悦。其质之华泽，殊非耳目之所闻见。以墨试之，其异于他石者三：渍水有液出，手拭如膏，一也；常有膏润浮泛，墨色相凝如漆，二也；匣中如雨露，三也。自得此石，端、歙诸砚皆置于衍中不复视矣。"

红丝石砚有紫红地黄刷丝（即花纹）和黄白地红刷丝两个品类，一般以前者为佳。其石质柔嫩，纹理华美，发墨油润，但因矿层较薄，极不易得。在宋代，青州红丝石砚也名盛一时，欧阳修、唐询、李之彦、苏易简等赏砚名家对其极为推崇。唐询在《砚录》中称："红丝石之至灵者，非它石可与较，故列于首云。"《续博物志》也称："天下之砚四十余品，以青州红丝石为第一，端州斧柯山为第二，歙州龙尾石为第三。"可惜这种砚石从南宋起就因石脉采尽而停产，故传世的实物极少，以至将"四大名砚"之一的席位后让给澄泥砚。

明代高濂的《遵生八笺·燕闲清赏笺》称，鲁砚种类很多，有"墨角砚、红丝砚、黄玉砚、褐色砚、紫金砚、鹊金墨玉砚"等。自青州红丝砚衰落后，产于该地的紫金石砚便兴盛起来。李之彦《砚谱》将此砚列为宋代名砚之首。其色正紫类端，有隐约青花和豆绿色小点，映日遍体泛金星，惟金星甚暗如铜。此石蕴藏地下数丈，越下其色越纯正，但人工开采极为不易。下层石色纯紫，色润细腻，发墨如端歙，著名书法家米芾对它极为称誉。

产于临沂一带的金星石砚，因临沂为晋大书法家王羲之的故乡，故有人称之为"羲之砚"。石呈黑色，上有光点，大者如豆，小者如粟，貌似金星。金星石砚润而发墨，涩不留笔。该砚在唐宋时已享誉砚林。苏轼称之为："石墨如漆，温润如玉，金星遍布，叩之有声，制砚上品也。"甚至有人称："紫金石与右军砚无异，端出其下。"

产于淄州（今山东淄博市）的淄石砚在北宋时曾风靡一时，李之彦《砚谱》于"诸州砚"中首列淄州石："淄州金石，色绀青，声如金玉。又有青金石，叩之无声，发墨。"唐询则认为淄石与端、歙石不相上下。淄石砚有水坑和山坑之别，水坑诸品中以柑黄为最，山坑以绿、紫为上，石质佳者，皆抚之如玉，发墨如漆。

明清时期，由于地理环境不便利及资源开采困难等原因，鲁砚生产已失去昔日的繁荣景象。加之达官贵人和文人墨客均偏爱端、歙二砚，鲁砚的地位大大不如从前，当然这仅是相对而言，鲁砚在砚史发展中一直占有相当的地位。

鲁砚中的徐公砚就是在明清时出名的。该石产于今山东沂南县徐公庄村。相传古时有一位姓徐的公子赴京应考，途经沂南时，偶然发现一块形状奇特的石片。徐公子偏爱其形色，磨成砚后进京赴考，当时时值严冬，考生在砚中所研之墨均结冰，唯有徐公子所用之砚墨书写自如，墨迹润泽，深得考官赏识，徐公子也因此考取进士。徐公晚年休官后，便在拾砚之地定居下来。此后此地便被称为徐公庄村，产于此地的砚被称为"徐公砚"。这种石砚质嫩理细，清润如玉，与墨相亲，有鳝鱼黄、茶叶末、蟹壳青等多种颜色。有的石砚几色并存，交融变换，奇丽生姿。据《临沂县志》载："此石其形方圆不等，边生细碎石乳，不假人工，天趣盎然，纯朴雅观。"不饰雕琢为徐公砚的独特风格。

清时，鲁砚中又一新品种引起砚林注目。清初王渔洋在《池北偶谈》中写道："邹平张尚书崇祯间游泰山，宿大汶口，偶行至汶水滨，水中得石，作多蝠砚。"此砚一面世，即传为奇物。该石即现在所称的"燕子石"或"蝙蝠石"，学名为三叶虫化石。燕子石质地优良，色泽典雅，石上虫体形似飞燕或蝙蝠，宛如浮雕，极为别致，是鲁砚中难得的新品类。清盛百二《淄砚录》中载："此石莱芜往往有之。其背有蝙蝠者，如蜂、蝶、蜻蜓者，文皆突出。制砚为鸿蝠砚，为读《易》研朱妙品。"

鲁砚中的龟石砚也在清时扬名。此石产于临朐县东南的石洞沟壑中，质地细润，呈黄褐、赭红、茄紫等色。其石天然呈龟状，扣之底盖自然离合，风格独特。

此外，鲁砚中还有尼山砚。尼山砚产于孔子故乡曲阜，黄质里章，纹理隐然。清谢堃《金玉琐碎》称："山东登、莱、青诸郡产石皆能制砚，皆不及尼山所产。"可见时人对尼山砚的偏爱。

清代著名收藏家高凤翰一生嗜砚成癖，藏砚多达千余方。因其为山东人，对鲁砚自更钟爱。他曾在一方红丝砚上刻铭："美不美，家乡水，何必乎，歙之黟、端之紫。"鲁砚种类丰富，但都具有共同的特点，即石质细腻滋润，易于发墨，利笔而不损毫。正是基于这种共性，鲁砚家族延绵千载，并不断发展壮大。

（2）洮河砚。

洮河砚也称洮石砚、洮砚，产于古代洮州（今甘肃临潭县）一带，故名。洮石最初被用作磨刀剑的砺石，后被研制成砚。唐代时，洮砚已为当时的四大名砚之一。

洮砚有绿洮和红洮两种。绿洮色泽青绿，肌理细润，纹似卷云，极易发墨，尤以"鸭头绿"、"鹦哥绿"等品为名贵。红洮也称赤紫石，呈土红色，石质甘润纯净，较绿洮为少。

洮砚石质坚润，色泽雅丽，发墨细快，在唐时已深受书画家的喜爱。宋时，洮砚更声名远扬。宋赵希鹄在《洞天清禄集》中称："除端、歙二石外，惟洮河绿石北方最贵重，绿如蓝，润如玉，发墨不减端溪下岩。然石在临洮大河深水之底，非人力所致，得之为无价之宝。"宋周密《云烟过眼》载："洮石名绿漪，如玉斗样。"但由于其开采困难，生产较少，也因而显得更加珍贵。元明清时期，洮砚更加稀罕，其开采制作也没有长足的进展，故流传极少，后世文人如陆友仁、元好问等仍给其较高评价。金人冯延登写有《洮河砚》一诗，诗称："鹦鹉州前抱石归，琢来犹自带清辉。芸窗尽日无人到，坐看元云吐翠微。"由于洮砚石质佳美，且得之不易，其名声虽逊于端、歙，但价值却不在其下。

（3）澄泥砚。

澄泥砚最初产于山西绛州，还产于河北虢州、山东柘沟等地。在唐代时已享盛名。宋李之彦《砚谱》记载："虢州澄泥，唐人品砚以为第一。"其制作方法多借助古代制作砖瓦陶器的工艺，对此，宋苏易简《文房四谱》中有具体描述：墐泥澄滤过后，加入黄丹团和，放入模中击打使其坚硬，用竹刀刻成砚的形状，稍为干燥后，再用小刀精雕细刻。经太阳暴晒，放在稻糠、牛粪中烧一伏时，然后放入墨腊，贮米醋蒸过

五、七遍，遂告成功。经过上述繁杂方法烧制成的澄泥砚，"含津益墨，亦足亚于石者"。以汾水的淤泥，用绢袋淘澄后成形，经焙烧而成。1983年9月，河南洛阳老城东关外出土了一方唐初期的古砚残片，可辨认出是一龟形澄泥砚，呈青灰色，质地细润。此外甘肃、山东等地也有出土。

至宋代，澄泥砚制作区域已从河南扩展到山西、山东、河北、陕西等地，其制作工艺不断进步，色泽也已相当丰富。有的绿如春波，有的黑白相间，甚至还有正紫色的。由于其色彩丰富，坚泽耐用，故颇受文人士大夫的喜爱。南宋时，因红丝砚断绝，澄泥砚遂取代鲁砚，成为宋时四大名砚之一。

明代，澄泥砚的制作又有了更大发展。其色泽更加丰富，有朱、紫、黄、绿等色；形制多因袭石砚风格，以长、方、圆、八角等式为常见；雕刻渐趋细密，砚上多有名家的诗文铭刻。

明代澄泥砚的产地以山西汾河沿岸的绛县为著名。明《珍珠船》一书载："绛县人善制澄泥，缝绢袋至汾水中，逾年而取之，陶为砚，永不涸。"由此而烧制的澄泥砚，质细洁净，泛有光泽，也属藏家珍玩之列。

清代文人对澄泥砚的收藏赏鉴颇为重视。石品孰优孰劣，藏家各执一词。《承晋斋积闻录》称："澄泥砚，色黄者名曰鳝鱼黄，细者不如粗者发墨，然不如玫瑰紫。"清朱栋《砚小史》称："澄泥之最上者为鳝鱼黄，其次为绿豆沙，又次为玫瑰紫……然不若朱砂澄泥之尤妙。"赵汝珍的《古玩指南》则评价说："老澄泥砚之颜色，以鳝鱼黄为最上，绿豆青次之，玫瑰紫色者又次之。其黄上带斑点者谓之砂斑点，大者名豆瓣砂，小者名绿豆砂，若有二砂者，尤善落墨。"真可谓仁者见仁，智者见智。

从使用而言，澄泥砚一般不如端、歙、青等砚，但由于其不似其他石砚过于依赖天然，工艺性更强些，其丰富的造型和精美的雕刻，体现了实用性和观赏性的完美统一，故其在中国砚史上的地位也是举足轻重的。

6 雕砚名家

随着端石、歙石、洮河石、青州石等优质制砚石材的被发现利用，工匠的雕琢工艺也愈益受到人们的重视。一方石质佳绝、石品丰富、设计独特、精雕细琢的砚台，会深得文人墨客的青睐，其中工匠的手艺和雕琢风格尤不可忽视，名工佳作遂在砚台的收藏鉴赏史上留下美名。

相传唐代古端州下黄冈有位著名的砚工马其祥，他以擅刻器皿图像而闻名于世，他刻的砚台每一件都比同时期砚工所制的价格贵一至两倍。和马其祥不相上下的还有其堂兄弟马驰。马驰善于文墨，曾被举茂才，但因酷爱制砚，遂舍弃功名而专事砚台的制作。他常把秦汉瓦当、鼎铭刻于砚台之上，所刻铭文均精美绝伦，采购端砚的人均高价收购。二马死后，他们的后代仍以采砚刻砚为生，一直延续到宋代。

歙砚在南唐地位极高，著名砚工受到礼遇。歙州地方官把龙尾砚石献给中主李璟,并推荐了一位雕砚名手李少微,李璟封之为宫廷砚务官,所琢龙尾砚专供皇帝赏玩。据说少微自用的两座砚山在宋时为大书法家米芾所得,即是著名的宝晋斋砚山和海岳庵砚山。其子李明,亦为南唐砚工。

五代后晋关右人李处士亦为当时制砚名家,且善于补砚。宋苏易简《文房四谱》称,李氏能补端砚,即使碎至百块也可复原。

宋代以后砚台注重雕工,并形成了一些程式化的规则。如《砚史》所载:"琢成之式,方角宜钝,圆体宜浑。刓处宜无痕,起处宜不碍,开面宜相质,留眼宜得位。池阔则底须空,边大则池须狭,务置之几案而不厌,传之久远而无弊。"砚工在长期的实践中,逐步摸索出一套既实用又有极高观赏价值的琢砚要领,即所雕之纹,必掩疵扬美,去繁求雅,舍弃华巧陈俗,而追求浑朴清新的天然韵味。而要雕琢出这种能满足文人雅士审美需求的佳砚,没有丰厚的天资素养和长期的实践,是难以实现的。

宋代雕琢端砚的名手有梁奕南、黄士柏等。梁奕南为下黄岗人,以擅刻动物飞禽而著称。他所刻的"一月三十日喜"图案的砚台尤其令人喜爱,在当时售价即高达白银两千余两。砚台上一轮圆月下梅花老干横斜,三十只喜鹊翔集其间,或飞鸣,或鸟宿,姿态生动,工艺娴熟。黄士柏尤其擅长依据端石的石品花纹而因材施艺,如将石眼刻成孔雀翎或骊龙珠,设计颇具匠心,无人能与之相匹敌。传说元大都九门提督萨都剌家中的藏砚即多出自梁、黄二人之手。

湖北宜昌的万道人是宋时的著名陶砚艺人。他所制陶砚极精致,在砚底刻有篆文"万"字,其制品工艺价值极高,甚至可与端歙砚相媲美。

元代兵乱,砚工久废,琢者日拙,唯叶环制砚多有独创,并能取古残石施以巧治。他所制的砚尤以制作精巧的龙尾砚而著名,其琢砚法至今仍为不少砚工所仿效。元代也出现了一位擅补石砚的匠人,浙江钱塘的韩文即身怀补砚绝技。据时人记载:即使砚石已支离破碎,匠人也能将其修补完善,并达到天衣无缝、完好如初的效果。

明代能体现文人风格的山水画大兴,作为文人书房翰墨用具的砚台也自然受其风濡染,不少砚工以刻山水为能事,较著名的有罗发、罗澄谦二人。两人为叔侄关系,为端州东厢乡人。罗发以传统技艺雕镂山水,轻刀浅刻,把宋代马远的斧劈皴、米南宫的大米点刻画得传神毕现。其侄子罗澄谦除擅刻山水外,还工人物,所刻名砚有《西厢记》的"借厢"、"听琴"、"酬柬"等,人物栩栩如生,精巧绝伦。明代就有人写诗称赞说:"君不见端城澄谦刻砚石,毛发须眉皓如月。"罗氏所刻山水人物砚,颇受文人喜爱。

明代六安人周鼎(字玉弦)亦为当时的刻砚名工,尤擅长刻澄泥砚。周氏工写真,所刻"八角三车澄泥砚"造型别致,刻工精巧,正面砚池为圆形,四周镌刻回纹,砚背浮雕"三车",砚侧有"六安周鼎制"铭文,为明砚佳作。

明末清初苏州刻砚高手首推顾氏家族。顾道人为明末苏州刻砚名匠。其子顾圣之（字德麟，号小道人）继承父业，读书未就，专工琢砚，无论端溪、龙尾，凡出其手者，必精工雅致，即使是寻常砚石，经他随意镂刻，也别有韵味，名噪一时。其子顾启明擅刻石砚，启明妻顾二娘也以琢砚而名扬天下。她制砚有精论，曾与人讲论曰："砚系一石，琢成必欲圆活而肥润，方见镌琢之妙。若呆板瘦硬，乃石之本来面目，琢磨何为？"朱家贤《闻见偶录》称：顾氏所制砚品，古雅中兼有华美之感，名声甚大，无与伦比。二娘不仅精于制砚，也善于辨石，据说能以鞋尖试石之优劣，故人们以"顾小脚"称之。其生平所作之砚不满百方，但由于名声在外，故仿者甚多，真伪难辨。清著名藏砚家黄莘田所藏之砚，多由二娘所刻。二娘之子顾公望承袭父母之技，精于制砚，后被召入内廷，制作御砚。

入清以后，端砚雕琢刻画愈趋精美，端州城内出现了"玉铨斋"、"美玉斋"、"绿石斋"等不少有名的刻石店，其中更不乏闻名一时的端砚艺人。

黄纯甫为肇庆蓝塘人，擅刻云龙，后人认为安装在肇庆红楼清泰里前牌坊下的"龙跳天门"绿端石柱为其生平杰作。柱上云龙鳞甲飞动，首尾顾盼，观者络绎不绝，见者赞不绝口。黄氏曾用砚石刻"渊明抚松"和"羲之换鹅"两件坊石装饰住所。在他去世后，两件佳作被砚商以七千两白银购去。

下黄岗白石村有罗赞、罗宝二兄弟，人称白石二罗，以刻云龙戏珠、凤穿牡丹而著称，《纪晓岚砚谱》中收有二罗所刻云龙拓本和凤穿牡丹拓本，故宫博物院收藏的清代端砚，不少是二罗的精心之作。

清代琢砚名工仍有不少，如有20年刻砚经验的徐道耽，以10年精力制井田砚。所选石质纯粹，做工精浑。江南人王岫筠所制砚台，雄浑精工，被推为江南第一。歙县人汪复庆所琢之砚亦为时人称道。《四巧工传》载：汪氏制砚承古法，尤其善于因材制宜，迹浑象脱，并能依石质本身的纹理而得其模型，富有天趣。

古代不仅砚工制砚留名千古，甚至文人墨客亦"混迹"其间。曾任高要知县的黄任（莘田）不仅爱砚、藏砚，甚至能亲手刻砚。康熙、雍正时的著名画家高凤翰工刻砚铭，家藏千余方宝砚，均手自铭琢。精于金石碑刻的吴式芬于咸丰六年（1856年）将西周"毛公鼎"铭文400余字，缩刻于澄泥砚背，刻工精细，酷肖原作笔意。正因为砚台为文房珍玩，故文人多视刻砚、赏砚、藏砚为生平雅事。正如书画装裱本纯为匠人之事，但因为有了高品位的书画为依托，优秀装裱师得到书画家极高的礼遇。人们喜爱砚台，除其石质佳美适宜研磨之外，更珍惜、把玩的是凝结在砚台上的人工之精巧浑厚，甚至是巧夺天工。

五　文房四宝著述提要

《文房四谱》　宋苏易简著。苏易简，字太简，梓州铜山（今属四川）人，以进士累官翰林学士承旨。工书，宋史有传。全书计笔谱二卷，砚、纸、墨谱各一卷。每谱以叙事、造、杂说、轶事、辞赋、杂说为叙，旁引古籍，详加叙述，故有"搜采详博"之誉，深为后人所推崇。

《纸墨笔砚笺》　明屠隆著。屠隆，字长卿，号赤水，浙江鄞县人，明万历五年（1577年）进士，纸篇介绍南北朝至明历朝名纸的产地和特点，以及适于书画所用的五种造纸方法；墨篇对《墨经》和《墨书》大力推崇，并援引《杨升庵外传》介绍古制墨法和元代朱万初制墨法；笔篇综论制笔之道及藏、涤等用笔、护笔之要；砚篇述砚质和砚之养、涤、用、藏之法。该书对文房四宝作了较全面的介绍，而且纸笔篇尤详于墨砚篇，对研讨文房四宝的发展，以及其收藏、鉴赏，都有重要参考价值。

《文房肆考图说》　清唐秉钧撰。秉钧字衡铨，嘉定（今属上海）人。该书内分古今名砚图、古砚考、纸墨笔考、古窑器考、古铜器考、古玉器考、古今琴考、文字考、书法考、画学考、文章考、杂考等共八卷。其中古今名砚图收 50 种名砚；古砚考搜集有关历代名砚之发展、产地、砚价及品评素材；纸墨笔考内分纸说、笔说、墨说等，其中不乏收藏赏鉴的内容。该书内容丰富，所收所述均远远超出书名的提示。

《文房四宝古今谈》 冯济泉、马贤能编著，贵州人民出版社 1983 年 7 月出版。书中分纸、笔、墨、砚四部分，从各项创始写到新中国成立后。每一部分又以各历史发展阶段为节，每节内又分为若干专题，每个专题简明扼要，叙述了文房四宝产生、发展、衰落、复兴的历史梗概。

《中国古代文房四宝》 刘绍纲著，中国文化史知识丛书之一，山东教育出版社 1990 年 10 月出版。该书共分 15 个专题，对笔、墨、砚、纸文房四宝作了形象介绍。

《文房四宝——中国书具文化》 潘德熙著，中国古代书具文化丛书之一，上海古籍出版社 1991 年 10 月出版。该书以专题形式，生动形象地叙述了文房四宝的起源与发展。

《中国的文房四宝》 齐儆著，中国文化史知识丛书之一，商务印书馆 1991 年 12 月出版。该书分笔、墨、砚、纸及文房四宝与中华文明五个部分对文房四宝的发展作了较系统的介绍。

《文房四宝手册》 孙敦秀著，北京燕山出版社 1991 年 7 月出版。该书上溯秦汉，下迄当代，是一部辞典类工具书。书中循序文房四宝历史演进的过程按笔、墨、纸、砚的顺序,每类又以笔画为序。书中集目一千余条,深入浅出地逐一阐释。凡书中征引先贤评语,均以典籍为据,并按条目标明出处,内容丰富、资料翔实。

《评纸帖》 宋米芾著。一卷。针对当时造纸徒求洁白而多用灰粉,致使纸质生涩、受墨不凝的情况,特列十纸,意在推行古纸造法。文中所列古纸有福州纸、金版纸、六合纸、河北桑皮纸、黄皮纸及川纸等八种,并扼要介绍了它们的特点和制作方法,对改进纸张生产、提高纸质有重要指导作用。

《笺纸谱》 一卷,元费著撰。后为有别于鲜于枢的《笺纸谱》,改称为《蜀笺谱》。费著为华阳(今四川双流)人,进士。其家乡是历史上著名的产纸地。该书多论蜀笺,也旁及苏州笺、广州笺等,从纸名的由来、尺寸、质地、用途、等级、色泽及售价等方面,对薛涛纸、谢公纸、百韵笺、广都纸、澄心堂纸等作了详细的介绍和评述,对研究、考证古纸颇有益处。

《宣纸与书画》 刘仁庆主编,轻工业出版社1989年4月出版。该书选编了近半个世纪以来公开发表的有关宣纸的文章50篇,内容包括宣纸简介、宣纸调查、宣纸研究、宣纸应用和宣纸拾遗五部分,是全面了解宣纸发展及其与中国书画的关系的读物。

《墨经》 宋晁贯之著。贯之字季一,晁说之之弟,一生无他嗜,唯见墨丸则喜动眉宇。《墨经》一书分松、煤、胶、罗、和、捣、丸、药、印、样、荫、事治、研、色、声、轻重、新故、养蓄、时、工等20则内容，所述制墨之法甚详，并指出和胶的重要性。一些工具书将该书署名为晁说之撰，而该书旧题晁氏撰。据何薳《春渚纪闻》所载，作者实应为晁贯之。

《春渚纪墨》 宋何薳著，为何薳《春渚纪闻》的一部分。该书专述唐、宋间墨坛掌故，对古代制墨方法如和胶、选烟等也有简略论述。

《墨谱法式》 宋李孝美著（《四库全书》本作《墨谱》）。孝美字伯杨，自署赵郡。原书上卷为八图八说，现八说存而图佚其六；中卷为式，叙名墨家16人，其墨亦绘图明之；下卷为法，乃博采旧闻而参以所试的制造之法。该书无论是制作还是品藻，均以精详著称，唯自明以来，松烟为油烟法所取代，故此书所载制墨法式已无太大实用价值。

《墨史》 元陆友著。陆友字友仁，自号砚北生，江苏吴县（今苏州）人。陆友博学多识，善书法，精鉴赏。该书集自魏迄金之制墨家共150余人，各为之传，并记其制墨缘起、制墨法及所制墨之优劣；另详载高丽墨、契丹墨、西域各墨，后附杂记25则，皆有关墨之典故。该书史料丰富，是了解中国古代制墨、用墨、赏墨发展的珍贵史料。作者另著有《砚史》等书。

《畴斋墨谱》 元张寿著。首列李廷珪等墨31品，后记试墨序文，并附墨工蒲大懿简介，因内容简单，在资料方面可取性不大。

《程氏墨苑》 13卷，明代著名制墨家、"歙派"制墨代表人物程君房撰。程氏自幼好制墨，并自称"我墨百年，可化黄金"。其墨曾进贡明神宗朱翊钧，当时一些著名书画家，如董其昌等，对其制品也给予极高的赞赏。《程氏墨苑》收录他自己制作的墨品500种，分元工、舆地、人官、物华、儒箴、缁黄六类，每类分上下两卷，书中插图均出自当时名画家之手，雕镂题识也较精致。此书还出过套色印本，极为稀见。

《方氏墨谱》 6卷，明方于鲁著。书中列各家墨工所赠作品共385种，分国宝、国华、博古、博物、法宝、鸿宝6类。上至符玺圭璧，下至杂缄，皆为名手绘图，极精致。

《墨志》 一卷，明麻三衡著。三衡字孟璿，宣城人。书中分纪原、系代、烟品、治胶、和制、稽式、藏蓄、权质、语林九则。前两则追溯墨的起源并记载古来善制墨者；其后三则为制墨的方法；稽式则依次评第古今名墨，藏蓄则载历来嗜墨者对古墨的珍藏、宝蓄情况；权质则为对各墨种的鉴定品评；语林则汇集汉魏以来论墨之事的著述。全书广征博引，资料丰富。

《墨法集要》 一卷，明沈继孙著。继孙字学翁，苏州人。曾受教于三衢墨师，后得墨诀于僧人，并记录整理成书。书中详尽地叙述了制造油烟墨的方法，并附图说明。因元明以来松烟制墨之法渐废，改易油烟，故此书可谓造油烟墨之祖本。另因该书既保存制墨古法，又参以师授经验，故除实用功能之外，史料价值较大。

《墨海》 十卷，明方瑞生著。瑞生字谈云，安徽歙县人。该书分内、外两辑。内辑为文集，卷一"玄鲭录"和卷二"仙墨函"为有关墨的韵事佳话；卷三"说墨合"包括清运神、观墨香、声色相、本色光、烟胶契、形制略、不朽珍、玄赏会、广说合、说合畅等，从鉴赏的角度评述制墨之法及墨品，内容精到。外辑为图辑，共七卷，录历代中外名墨凡367种，每品均附正、背面图记。卷末附有题赞。该书内容丰富，法详式备，可谓墨之集大成者。

《论墨》和《墨表》 分别为一卷和四卷本，清万寿祺著。寿祺字年少，江苏徐州人，人称"万道人"。万氏自述采选"自上古以来及于今"的"昔人之论著"而编成。书中评述了古今制墨原料的异同，并列举由此而导致了墨的质地优劣之不等。书末综述墨的功用和价值。

《雪堂墨品》 清张仁熙于康熙十年（1671年）撰成。仁熙字长仁，湖北广济人。宋荦为黄州通判时，于雪堂筑东斋，延请仁熙说诗，仁熙对宋氏所藏之墨逐加品评并取苏轼"雪堂试墨"的典故，撰成此书。宋氏所藏之墨多为明代中叶以后所制，其中不乏精品。该书著录墨之形制、规格、时代、题识，并品评优劣，唯不著产地，但仍不失为文人藏墨、赏墨之代表作。

《墨林史话》 尹润生著，紫禁城出版社1986年4月第一版，1993年5月第二版。该书为作者积数十年收藏、探索和鉴定古墨的经验，悉心钻研中国古墨发展史实的成果。全书分为墨的起源，墨的沿革变迁，鉴定方面的若干问题，墨林人名、别名、室名一览表四部分。第二版新增"古墨撷英"一章。由尹润生夫人张颖昭将尹先生当年与张子高、叶恭绰、张䌷伯三位先生合著的《四家藏墨图录》及《云烟过眼录》中选出42幅明清两朝的墨品拓片收进书中，并一一附注说明文字，对墨店、墨工、制墨者与时代背景等，加以概括的介绍。

《笔经》　一卷，东晋王羲之著。该书首开文房四宝专论之先河。羲之字逸少，官至右军将军，故后人多称其为王右军。在书法上造诣极高，被人誉为书圣。所著《笔经》虽仅300余字，但史料价值颇大。文中比较兔毛、鸡毛、石鼠毛、鼠须等制笔材料之优劣，对各种毛笔进行品评，同时也介绍了各种笔管及毛笔的制作方法，后为历代所沿袭借鉴。

《笔史》　清梁同书著。同书字元颖，号山舟，世称"山舟先生"，浙江钱塘人，清代著名书法家。该书分笔之始、笔之料、笔之制、笔之匠四部分。"笔之始"共14条，叙有关笔的传说故事或古书所载之奇闻逸事；"笔之料"介绍可以制笔的36种材料，注明摘引文字的出处及制笔材料的产地；"笔之制"38则，介绍各种笔的规格、特点和制法；"笔之匠"载善制笔之人93人。书中所引资料涉及经史子集以及前人的笔记杂谈，翔实丰富，自成系统，对笔的收藏、鉴赏、研究，均富参考价值。

《砚石》　一卷，北宋米芾著。书首"用品"一条主张砚以"石理发墨为上,色次之,形制工拙又其次"。下有"性品"一条,论砚石质地的坚软,"样品"一条记述晋、唐至宋各代砚的形质变化。书中还记述自玉砚至蔡州白砚等26种砚的颜色、光泽和质地,其中对端、歙两石议论尤详。其所列所评诸多砚品,皆亲眼所见和亲笔所试,故所论具得砚理,也足为文房鉴古之助。《四库全书提要》对此书给以极高的评价。

《砚笺》 四卷,宋高似孙撰。似孙字续古,号疏寮,余姚人,淳熙进士。卷一为端砚19条,卷二为歙砚20条,卷三诸品砚共65条,卷四为前人赞赏砚的诗赋杂文。以诗文题端砚、歙砚及诸品砚的,则分附前三卷。《四库全书提要》称此书:"取各家论砚之说,以群籍为佐证,叙述可观。"

《砚谱》 一卷,宋李之彦著。之彦号东谷,永嘉(今属浙江)人。该书共31条,杂录砚之产地与故实,间有诗赋,内容经常为收藏研究者所引用。

《端溪砚谱》 宋建炎、绍兴年间无名氏所撰。论端砚最为详赡。该书将唐、宋论述端砚的零星资料辑录成册,对砚石产地、端砚石质,各岩砚石之优劣、石品之高下以及石病等,均辨析入微,对研究端砚发展概貌有重要参考价值。书中列眉子九品、粗细罗纹砚十二品、水弦金纹十种,为后人琢制和鉴别歙砚提供了依据。

《砚录》 一卷,清曹溶撰。溶字洁躬,号秋岳,秀水(今浙江嘉兴)人。该书专为端溪砚石而作,分山川、神理、采凿、品类、别种、辨讹、鉴戒七门，对于采砚、造砚和试砚之法叙述尤详，较前人之书，亦更加适用。

《石隐砚谈》 清计楠辑。楠字寿乔，号石隐道人。曾著《研说》一卷，然"未敢出而问世"。后读平湖黄点苍著《端溪砚史》和金山朱栋著《砚小史》后，爱不释手，认为"考订详明，集古准今，无不完备"，遂采而集之，并抒以己见。该书考证端溪砚坑，详论端砚石质，评判诸石品之优劣，行文简洁，辩证有据，为论砚著述中的上品之作。

《端溪砚史》 清吴兰修撰。兰修字石华，嘉应（今广东梅州）人。他曾亲临端州考察，对各洞岩的石质作了细致比较。同时他综采历来谈砚之书，附述个人见解，编成是书。该书分三卷：卷一记端州产石各坑，并附图；卷二论述石品、石色，兼及砚工、用砚、藏砚等法；卷三载贡砚、开坑轶事。此书编排得体，尤以议论详备而著称。

《古名砚图录》 高五昌编著，台湾常春树书坊1985年5月出版。中国传统认为名砚是一种孤高的文化。编著基于对这种传统观点和对其艺术性认识贫乏的批判，将中国自秦汉以至清代的名砚汇集成册，以文释图，系统地展示了砚的发展演变历史，以及有关中国历代名砚的基本知识。

《端溪砚》 刘演良著，文物出版社1988年9月第一版，介绍端砚的沿革与发展、端溪名坑、端砚石品及端砚的鉴别和欣赏等。

《说砚》 桑行之等编,上海科技教育出版社1994年10月第一版。该书荟萃自宋代至民国时期有关介绍砚的历史及评砚、赏砚等著述共计40篇,另附有大量砚图、砚铭等,对了解中国古代砚的收藏、赏玩、使用、研究等颇具史料价值。

《中国史话》总目录

系列名	序号	书名	作者
物质文明系列（10种）	1	农业科技史话	李根蟠
	2	水利史话	郭松义
	3	蚕桑丝绸史话	刘克祥
	4	棉麻纺织史话	刘克祥
	5	火器史话	王育成
	6	造纸史话	张大伟　曹江红
	7	印刷史话	罗仲辉
	8	矿冶史话	唐际根
	9	医学史话	朱建平　黄　健
	10	计量史话	关增建
物化历史系列（28种）	11	长江史话	卫家雄　华林甫
	12	黄河史话	辛德勇
	13	运河史话	付崇兰
	14	长城史话	叶小燕
	15	城市史话	付崇兰
	16	七大古都史话	李遇春　陈良伟
	17	民居建筑史话	白云翔
	18	宫殿建筑史话	杨鸿勋
	19	故宫史话	姜舜源
	20	园林史话	杨鸿勋
	21	圆明园史话	吴伯娅
	22	石窟寺史话	常　青
	23	古塔史话	刘祚臣

系列名	序号	书名	作者
物化历史系列（28种）	24	寺观史话	陈可畏
	25	陵寝史话	刘庆柱 李毓芳
	26	敦煌史话	杨宝玉
	27	孔庙史话	曲英杰
	28	甲骨文史话	张利军
	29	金文史话	杜勇 周宝宏
	30	石器史话	李宗山
	31	石刻史话	赵超
	32	古玉史话	卢兆荫
	33	青铜器史话	曹淑芹 殷玮璋
	34	简牍史话	王子今 赵宠亮
	35	陶瓷史话	谢端琚 马文宽
	36	玻璃器史话	安家瑶
	37	家具史话	李宗山
	38	文房四宝史话	李雪梅 安久亮
制度、名物与史事沿革系列（20种）	39	中国早期国家史话	王和
	40	中华民族史话	陈琳国 陈群
	41	官制史话	谢保成
	42	宰相史话	刘晖春
	43	监察史话	王正
	44	科举史话	李尚英
	45	状元史话	宋元强
	46	学校史话	樊克政
	47	书院史话	樊克政
	48	赋役制度史话	徐东升
	49	军制史话	刘昭祥 王晓卫

系列名	序号	书名	作者
制度、名物与史事沿革系列（20种）	50	兵器史话	杨毅 杨泓
	51	名战史话	黄朴民
	52	屯田史话	张印栋
	53	商业史话	吴慧
	54	货币史话	刘精诚 李祖德
	55	宫廷政治史话	任士英
	56	变法史话	王子今
	57	和亲史话	宋超
	58	海疆开发史话	安京
交通与交流系列（13种）	59	丝绸之路史话	孟凡人
	60	海上丝路史话	杜瑜
	61	漕运史话	江太新 苏金玉
	62	驿道史话	王子今
	63	旅行史话	黄石林
	64	航海史话	王杰 李宝民 王莉
	65	交通工具史话	郑若葵
	66	中西交流史话	张国刚
	67	满汉文化交流史话	定宜庄
	68	汉藏文化交流史话	刘忠
	69	蒙藏文化交流史话	丁守璞 杨恩洪
	70	中日文化交流史话	冯佐哲
	71	中国阿拉伯文化交流史话	宋岘

系列名	序号	书名	作者
思想学术系列（21种）	72	文明起源史话	杜金鹏　焦天龙
	73	汉字史话	郭小武
	74	天文学史话	冯时
	75	地理学史话	杜瑜
	76	儒家史话	孙开泰
	77	法家史话	孙开泰
	78	兵家史话	王晓卫
	79	玄学史话	张齐明
	80	道教史话	王卡
	81	佛教史话	魏道儒
	82	中国基督教史话	王美秀
	83	民间信仰史话	侯杰
	84	训诂学史话	周信炎
	85	帛书史话	陈松长
	86	四书五经史话	黄鸿春
	87	史学史话	谢保成
	88	哲学史话	谷方
	89	方志史话	卫家雄
	90	考古学史话	朱乃诚
	91	物理学史话	王冰
	92	地图史话	朱玲玲
文学艺术系列（8种）	93	书法史话	朱守道
	94	绘画史话	李福顺
	95	诗歌史话	陶文鹏
	96	散文史话	郑永晓
	97	音韵史话	张惠英
	98	戏曲史话	王卫民
	99	小说史话	周中明　吴家荣
	100	杂技史话	崔乐泉

系列名	序号	书名	作者
社会风俗系列（13种）	101	宗族史话	冯尔康　阎爱民
	102	家庭史话	张国刚
	103	婚姻史话	张　涛　项永琴
	104	礼俗史话	王贵民
	105	节俗史话	韩养民　郭兴文
	106	饮食史话	王仁湘
	107	饮茶史话	王仁湘　杨焕新
	108	饮酒史话	袁立泽
	109	服饰史话	赵连赏
	110	体育史话	崔乐泉
	111	养生史话	罗时铭
	112	收藏史话	李雪梅
	113	丧葬史话	张捷夫
近代政治史系列（28种）	114	鸦片战争史话	朱谐汉
	115	太平天国史话	张远鹏
	116	洋务运动史话	丁贤俊
	117	甲午战争史话	寇　伟
	118	戊戌维新运动史话	刘悦斌
	119	义和团史话	卞修跃
	120	辛亥革命史话	张海鹏　邓红洲
	121	五四运动史话	常丕军
	122	北洋政府史话	潘　荣　魏又行
	123	国民政府史话	郑则民
	124	十年内战史话	贾　维
	125	中华苏维埃史话	杨丽琼　刘　强
	126	西安事变史话	李义彬
	127	抗日战争史话	荣维木

系列名	序号	书名	作者
近代政治史系列（28种）	128	陕甘宁边区政府史话	刘东社　刘全娥
	129	解放战争史话	朱宗震　汪朝光
	130	革命根据地史话	马洪武　王明生
	131	中国人民解放军史话	荣维木
	132	宪政史话	徐辉琪　付建成
	133	工人运动史话	唐玉良　高爱娣
	134	农民运动史话	方之光　龚　云
	135	青年运动史话	郭贵儒
	136	妇女运动史话	刘　红　刘光永
	137	土地改革史话	董志凯　陈廷煊
	138	买办史话	潘君祥　顾柏荣
	139	四大家族史话	江绍贞
	140	汪伪政权史话	闻少华
	141	伪满洲国史话	齐福霖
近代经济生活系列（17种）	142	人口史话	姜　涛
	143	禁烟史话	王宏斌
	144	海关史话	陈霞飞　蔡渭洲
	145	铁路史话	龚　云
	146	矿业史话	纪　辛
	147	航运史话	张后铨
	148	邮政史话	修晓波
	149	金融史话	陈争平
	150	通货膨胀史话	郑起东
	151	外债史话	陈争平
	152	商会史话	虞和平
	153	农业改进史话	章　楷
	154	民族工业发展史话	徐建生
	155	灾荒史话	刘仰东　夏明方
	156	流民史话	池子华
	157	秘密社会史话	刘才赋
	158	旗人史话	刘小萌

系列名	序号	书名	作者	
近代中外关系系列（13种）	159	西洋器物传入中国史话	隋元芬	
	160	中外不平等条约史话	李育民	
	161	开埠史话	杜 语	
	162	教案史话	夏春涛	
	163	中英关系史话	孙 庆	
	164	中法关系史话	葛夫平	
	165	中德关系史话	杜继东	
	166	中日关系史话	王建朗	
	167	中美关系史话	陶文钊	
	168	中俄关系史话	薛衔天	
	169	中苏关系史话	黄纪莲	
	170	华侨史话	陈 民	任贵祥
	171	华工史话	董丛林	
近代精神文化系列（18种）	172	政治思想史话	朱志敏	
	173	伦理道德史话	马 勇	
	174	启蒙思潮史话	彭平一	
	175	三民主义史话	贺 渊	
	176	社会主义思潮史话	张 武　张艳国　喻承久	
	177	无政府主义思潮史话	汤庭芬	
	178	教育史话	朱从兵	
	179	大学史话	金以林	
	180	留学史话	刘志强　张学继	
	181	法制史话	李 力	
	182	报刊史话	李仲明	
	183	出版史话	刘俐娜	

系列名	序号	书名	作者
近代精神文化系列（18种）	184	科学技术史话	姜 超
	185	翻译史话	王晓丹
	186	美术史话	龚产兴
	187	音乐史话	梁茂春
	188	电影史话	孙立峰
	189	话剧史话	梁淑安
近代区域文化系列（11种）	190	北京史话	果鸿孝
	191	上海史话	马学强　宋钻友
	192	天津史话	罗澍伟
	193	广州史话	张 苹　张 磊
	194	武汉史话	皮明庥　郑自来
	195	重庆史话	隗瀛涛　沈松平
	196	新疆史话	王建民
	197	西藏史话	徐志民
	198	香港史话	刘蜀永
	199	澳门史话	邓开颂　陆晓敏　杨仁飞
	200	台湾史话	程朝云

《中国史话》主要编辑出版发行人

总 策 划	谢寿光　王　正
执行策划	杨　群　徐思彦　宋月华
	梁艳玲　刘晖春　张国春
统　　筹	黄　丹　宋淑洁
设计总监	孙元明
市场推广	蔡继辉　刘德顺　李丽丽
责任印制	岳　阳